閱讀
阿卡西紀錄[2]

宇宙的
靈魂領航員

郁康梅 Kimberly Yu
王幼辰 Allen Wang

著

目錄

第01章／宇宙大百科

第02章／靈魂的奧祕

第03章／靈魂的誕辰：先天選擇與後天培養

第04章／非地球意識踏入地球之旅

第05章／獲取零距離的鑰匙：撰寫大腦意識型態

第06章／靈魂的閃耀記憶

第07章／靈魂意識的復甦

推薦序 1

了解問題的本源，
和自身的靈魂溝通

台北市影音節目製作公會理事長　陳仲祺

　　20多年的採訪經驗，包括報紙、雜誌、網媒，從一線記者到高層主管，也在中國大陸經過商，還擔任過政大商學院策略管理中心執行長，風光的人生閱歷，終究抵擋不住2020年黑暗低谷的降臨，當時中年的我開始懷疑，是否氣運已盡，終難翻身。

　　於是開始學習八字、紫微斗數，總想把人生弄個明白，期間我遇到不少高明的命理前輩，能精確分析出我的生命軌跡，也都認為幾年後還有工作機會，甚至有波高光時段，「最好自己當老闆，但又不能經商；千萬別當員工，因為個性使然，替人打工總會不歡而散；未來適合自己成就自己的工

作，最好帶點公益又有名望的行業；重點是吉中帶凶、仍有波折」。

天啊，這段子比甲骨文還難理解，好像突然撥開雲霧見了青天，卻又轉身發現仍在迷霧之中。誰不知人生都是起起伏伏，福禍相倚？但心中總覺得有團疑惑在吶喊著，問題到底出在哪裡？命理師經常說「你個性要改」、「有運勢但要防小人」，這似乎太模稜兩可、論述過於空洞吧？

人生不順遂所以個性要改，但誰改得了？難道有成就的人，個性都是好的嗎？有時候我都感到懵了，鬱悶極了。

也是緣分吧，在文化大學推廣部的課程裡，有不少東西方身心靈課程，東方術數自有其深奧理論，但西方心靈學或許有另外的解釋吧？於是我報名了「阿卡西紀錄解讀與療癒」課程，希望從另一個角度認識自己。

Kimberly 和 Allen 是一對非常特殊的教學組合，在第一天上課見面的時候，不禁莞爾一笑，Kimberly 嬌小健談，Allen 瘦高穩重，本以為是兩名年輕助教，沒想到就是授課主角，在半信半疑的摸索中，逐漸進入與靈魂接觸的路途。

老實說，我不是一個好學生，資質也不聰慧，不知道在

冥想的訓練中，到底是自身幻想還是真的進入狀態之中，不過在Kimberly和Allen親切鼓勵的導引下，似乎依稀進入了另一個境界，於是心一橫，乾脆直接私下面對面求教。

很奇妙在兩位老師的指引下，Kimberly負責導引觀想，Allen專注細節提問，逐漸將我前世累積遺留的記憶，做出完整的透析，合理解釋了這些畫面所代表的意義。最經典的是，Kimberly直接道出一段畫面，是我某世在一個富有的員外家裡擔任總管，正值遇到許多難民前來求援，於是我大方開倉救濟，惹得員外一家相當不悅。

「難道我錯了嗎？救濟不是件好事嗎？」Kimberly和Allen的分析為「並非對錯」，而是糧倉不是自己所擁有，我總是站在自己的立場處理問題，忽略擁有者（老闆）的感受，所以這種執念不斷出現在累世中，造成當部屬總因能力備受重用，但也會因觀點不同而遭到責難與質疑。

另外，每個人都有自身的糧倉，我的糧倉不小，但每個關閉房間都有一段故事，相應在我的人生中，都有合理的解釋。

終於我有所體悟，如果說要改個性，不如先了解問題

的本源，那就是和自身的靈魂溝通與妥協，才會心甘情願的面對自己，說到這兒好像有點玄了，但我嘗試著改變一些行為，何必固執的和自己對著作呢？轉個彎不行嗎？站在別人立場多想想不能嗎？

2023年我抓住機會布局競選影音節目製作公會理事長，因為這份職務，同時能實現「自己當自己老闆，也得服務同行企業」，不但可以自己作主，也可以用同理心對待每個公會成員，這符合之前八字、紫微斗數所批算的運途，也相應解決累世的習慣誤區，我調整了心態，學習放過自己，才能成就自己。

快兩年沒見到Kimberly和Allen了，我想說聲謝謝，還是那句話，我雖然不是個好學生，但我卻是最好的見證者！

探索自己是一輩子的學習之路

久號│永壽文教基金會 執行長 D Mia 蔡佳樑

《閱讀阿卡西紀錄2：宇宙的靈魂領航員》新書的出爐，代表了兩位宇宙探索員繼續紀錄且分享了他們這麼多年來探索的點滴與發現，在這裡我想送上最深的祝福與掌聲。

Kimberly & Allen 在探索未知的道路上一直有著無比的熱誠，兩個人一直互相扶持，在這個充滿未知的大宇宙裡翱翔。Kimberly 擁有驚人的感知力，搭配著 Allen 理性鑽研特質，讓他們在探索的路程上得心應手。

在書中兩位分享了千變萬化的靈魂觀察，包含不同的狀態和特質，如同大自然中的生態系統豐富多彩。宇宙無窮無盡，一切的未知透過一次次的探索拼湊成型，兩位作

者透過15年的時間與數不清的個案，將一幅大家肉眼看不見的地圖雛形呈現給大家，就像古代的探險家透過無數次的出航，慢慢地拼湊出未知的區塊。

從中國易經天地運作的道理、昆達里尼瑜伽士對死亡的擁抱與練習、靈氣非肉體觸碰的療癒系統、阿卡西紀錄的存取，可以很確定的了解我們所認識的自己並非只有肉體這麼簡單，一個人的組成絕對比想像得更加細膩精微，你的旅程也不在肉體死亡後結束。在這些阿卡西紀錄探索的過程之中，重點永遠不是你華麗的角色，而是在知道這些訊息之後它如何幫助你更了解真實的自己，如何覺察、修正靈魂中的慣性、習性、抑或是創傷的自我保護機制，就是跳脫業力約制的最佳方式。在這本書中作者提到人類是有能力改變自己的，透過改變自身的行為、調整大腦的思維模式、修復靈魂深處的記憶，可以改變意念的流向，透過與過往創傷的和解，認識到我們的不局限。

在這裡鼓勵買下這本書的讀者，探索自己是一輩子的學習之路，你的靈魂旅程是一場美麗的安排，保持正向的意念，願大家都在光與愛中前行。

推薦文

/

　　向Kimberly& Allen學習阿卡西紀錄，完善了我對生命的認知，補足曖昧不明的成分，帶來深刻生動的解讀。如同這本書集結的智慧，你絕對可以更通透地活著！

艾波 作家／身心靈 YouTuber

　　兩位老師將多年來從事阿卡西解讀的紀錄的教學經驗，統整出一本完整有脈絡的書籍，徹底的說明了靈魂的奧祕，讓我們了解降生在地球的意義，找到自己內在的智慧與寧靜，平安地走向未來的靈性道路。

曾鼎元（子玄老師）《塔羅教典》作者

前言

/

揭開靈魂的真實本質，
喚醒智慧與愛

王幼辰 Allen Wang

　　與Kimberly攜手合作，我們已經踏上了阿卡西探索之旅整整15年了。回首過去，我母親早在20年前便開始透過遠端視訊，幫助了許多來自中國、台灣、美國、澳洲和加拿大的華人療癒他們的內心。這些年來，我一直懷著無比的感激之情，感謝我的父母在我靈性仍懵懂的時候，就為我鋪下了一條通向心靈探索的道路。他們為我介紹了許多書籍，讓我在年少時便開始接觸這個充滿奧祕的領域。從小我便沉浸在大量的新時代作品中，同時也深入研究中西方的歷史，心中常有一個疑問：地球究竟經歷了怎樣的演變？為何人類總是周而復始地重蹈覆轍？這些思考引領

我開始追尋更深層次的答案，試圖理解宇宙中的真理。一切都顯得如此奇妙。如英國詩人威廉·布萊克（William Blake）所言：「如果洞察無窮，便能見到永恆。」我逐漸明白，探索阿卡西並非僅僅為了回溯過去，而是要從中汲取智慧，讓我們在這無窮的輪迴中尋找到真正的平衡與成長。

隨著時間推進，我和Kimberly的合作越發成熟，這場探索不僅幫助我們解讀個人的生命課題，也讓我們對地球、人類、宇宙之間的關聯有了更深刻的理解。這一路上，我們見證了無數靈魂的重生和修復，正如我母親當年所做的那樣，將愛與智慧傳遞給世界各地有需要的人。

每個人的相遇和經歷都不是偶然，這讓我反思自己在母胎時期、幼年和求學階段所經歷的每一件事，是否都是生命給予的課題，值得我去學習和面對的。在中國求學的國中時期，我曾經因為調班而遭受同學和老師的霸凌。在那個崇尚成績的年代，我因此被視為不愛學習的「壞學生」。儘管當時我內心承受著巨大的壓力，也只能默默忍受，不敢向父母傾訴我的困擾，這段經歷讓我感

到孤獨和無助。隨著進入高中和大學，我變得越加叛逆，想藉此發洩心中的委屈。然而，這並沒有讓我的人生變得更好。反而，我逐漸意識到，這些外在的反抗並不能解決內心的痛苦。最終，我渴望尋求解答，進入了阿卡西領域，探索那些曾經發生過的每一件事。德國的哲學家尼采（Nietzsche）說：「那些沒有打倒我們的，將使我們更強大。」這段旅程在於塑造我的靈魂和成長之路，讓我不再困在過去的傷痛中，而是學會從中找到生命的真正意義，明白每個經歷都是靈魂進化的階梯。

回到台灣後，我開始與Kimberly合作開發課程並提供個案諮詢。透過她的解讀，我逐漸揭開了每個年齡段經歷事件的根源，這讓我心中充滿了感動和啟發。每一次的反思都如同一扇窗，讓我看見曾經被掩藏的勇氣，激勵我渴望將自己的故事與更多人分享。

作為探索宇宙的工具，阿卡西讓我這些年來見證了無數個案和學生的驚人蛻變。他們的轉變讓我深深相信，地球上並不是只有對與錯的答案，而是取決於我們願意去看見和觀察靈魂的旅程。這讓我體會到一種難以言喻的連

結，彷彿我們都是彼此靈魂的反映。

我開始明白，跳脫現實的固有框架並不容易，但一個小小的信念卻能如星星般照亮未來的道路。真正的挑戰在於人性中那份掙扎與脆弱。每當我回想起那些過往，心中總會湧起一股強烈的渴望：如果在這一生中，你也渴望實現突破，不知道讀到這篇文章的你，是否願意勇敢面對自己內心的深處呢？

人生的每一刻都在進行著選擇，而這些選擇所展現出的決心和毅力，正是我們靈魂成長的催化劑。我深信，阿卡西能幫助每個人找到靈魂的目的，理解自己與他人，以及生活中每一件事的深層原因。面對困難並非沒有解答，關鍵在於我們是否願意打開心扉，去探索那隱藏在內心深處的無限可能與力量。

本書是繼《閱讀阿卡西紀錄：看見零距離的鑰匙》之後的全新作品。這次我們引入了另一位外星高我意識——艾特。通過與維達及艾特這兩位高我意識的合作，並結合Kimberly與Allen的超感官接訊能力，我們為讀者傳遞了珍貴的訊息，深入探討那些深藏於心靈深處的議題。我們

將理解靈魂在生活中所扮演的關鍵角色，以及如何實現統一的更高靈魂意識。

　　如果你渴望更深入地了解靈媒現象、靈魂拜訪、來世交流、轉世、多維度時空和靈魂課題，本書將觸及靈魂存在的深層意義。讓我們攜手共進，一同揭開靈魂的真實本質，發現那份連結宇宙的力量，並喚醒內心深處的智慧與愛。

chapter

0 1

宇宙大百科

運用自然優勢的發明家們

　　地球的原始靈魂就像單細胞生物，每個靈魂都有進化的過程，從無到有開始成長，地球生命的誕生與進化，一開始地球的生命由細菌衍生成原蟲，乃至多細胞的生物。人類的靈魂一開始從細菌型態、原蟲體、千足蟲體的靈魂開始進化，地球上本不該有人類的出現，人類在偶然的情況下出現，人類身體具有多種礦物質，是因早期的人類意識皆由植物意識而進化。在單細胞生物的世界中，除了能夠行光合作用的細胞可以自食其力外，其他細胞必須靠其他的細胞來當作食物，因此，早期的生物世界裡就有互相吞食的現象。為了生長，單細胞生物會採取不同的策略，其中一種重要的方式是努力地吸收外界營養來增長。

當兩個細胞結合在一起，它們可能因為體積比較大而不容易被其他生物吞食，增加了生存的機會。此外，單細胞生物也可能透過快速增殖的方式來增加其數量，以應對外部環境的挑戰。

　　然而，最重要的好處是當許多細胞結合在一起時，才有分工合作的可能性，這種組織化能夠讓單細胞生物在面對惡劣的環境時更有效地對抗，因為不同類型的細胞可以分工合作，以應對不同的挑戰，從而增加了整個生物體的生存機會。因此，努力的生長方式成為了單細胞生物在競爭激烈的生存環境中生存和繁衍的關鍵策略之一。

多細胞生物出現有二個條件：

1. 是單細胞的基因必然先要發生某些變異，使得細胞與細胞間能夠有效地結合在一起。總的來說，單細胞與基因之間的關係是一種密不可分的關係。基因的變異和演化塑造了單細胞生物的結構和功能，並且對於細胞間的結合起著至關重要的作用，這進一步促進了生物體的進化和適應。

2. 外界環境的改變對這種多細胞的生存有利。能夠光合作用的細胞產生一層堅固的細胞壁，這些細胞利用細胞壁固著在一起，形成了植物前身。這些植物前身中的一部分細胞可能無法行光合作用，必須靠捕食其他生物為生。這些捕食者沒有硬殼，而是透過蛋白質辨識來彼此黏合在一起。這些生物不僅靠捕食他人為生，還必須時刻警惕被他人捕食，因此它們必須具備敏捷的行動與偵測外界環境變化的能力，後來成了動物的前身。還有一些單細胞生物，它們自己不能行光合作用，但是有厚重的細胞壁來保護自己。這些生物必須依賴寄生的方式生存，透過分泌特殊酵素去分解宿主的身體以取得養分。這些生物後來就逐步演化成今天的真菌。

　　而人類的靈魂最初可能類似於單細胞生物類似原蟲類的靈魂型態，然後隨著時間的推移逐漸演化成植物和動物的多細胞靈魂型態，最終才會成為複雜的人類靈魂。從最初的細菌到現在的人類，都經歷了一個從簡單到複雜的

過程。這是人類靈魂與單細胞生物的相似之處。值得注意的是它們之間的差異，人類靈魂包含了更多層次的情感、意識和自我認知，有其複雜性。而單細胞生物的行為更受限於生存和繁殖的需求，沒有道德的考量。地球上的爬蟲存活時間比人類還要長久，它們由一個一個細菌慢慢組合成簡單的生命體，又經過積年累月的時間慢慢進化，才有了人類的誕生。大自然產生了互相競爭、弱肉強食的淘汰機制，人類社會共同體也有著與大自然一樣的機制。而細菌的靈魂型態出現時也出現了互相競爭的模式，人類互相競爭的特點也是整個地球生命的生物特性。在《演化論》中的說法，人類起源於猴子而演變成長，這點說法我們保持客觀態度。但不可否認的是，靈長類動物如：猴子、猩猩、狒狒，牠們都具有互相競爭的天性。在地球上出現最早的生命大約是在35億年前，原始的生命必須是以單細胞先形成存在的，許多細菌最多只能是一種長形的聚落。

我們如今熟悉的生物形態，像是狗、貓、豬、牛、大海中的魚類，大半是由多細胞構成，到底是什麼原因單細胞生物可以進化成為多細胞生物？美國俄勒岡大學的

生化學家在2024年1月初發表於期刊《數位生命科學》（eLife）的論文公布了他們最新的研究結果——一切的起因來自 6 億年前的一個基因突變，這樣的一個隨機發生的突變使得蛋白質的功能改變，使得我們單細胞的祖先們得以演化出多細胞的生物型態，進而發展成為現今繽紛的生物樣貌。多細胞生物的出現是生物進化的一個重要里程碑，它們可以在外部環境的變化下更好地進行調節和適應，並具有更高的生存機會。有些細胞專門負責吸收養分，有些細胞負責保護身體，有些則負責傳遞訊息，從而提高了整個生物體的效率和適應能力。

　　在這項研究中，解答了科學家長期以來一直對生物體內細胞協同作用和多細胞生物的演化過程中的困惑。除此之外，這項研究還有一項重要的意義，在許多例如癌症的疾病狀況下，受損的細胞會出現無法和體內其他細胞共同運作，回到如同單細胞的情況下各自為政，而這項研究的進展，可以讓我們對於細胞的協同導致演化出多細胞生物的現象了解更多。突變在生物體內是非常重要的一個機制，有好有壞也有可能沒太大影響或好壞兼具，但其結果

對於個體可能具有複雜性。突變所導致的蛋白質改變，可以改變一個蛋白質的結構、功能以及代謝，這可能對生物體的生理功能產生不同程度的影響，甚至可能導致疾病的發生。生物體內的蛋白質有各自的功能，扮演不同的角色，在多細胞生物中，這些蛋白質需要協同作用，才能實現生物體內複雜的生理功能。因此，了解突變對蛋白質功能的影響對於理解多細胞生物的生理運作至關重要。而在多細胞生物之中，生理功能的運作勢必要有組織地集合眾多功能各異的蛋白質，或者能夠以一個蛋白質執行其他蛋白質的功能。這項研究便是假設由一個蛋白質進行小範圍的突變，使得這個新的蛋白質能夠擁有原本所沒有的功能，突變對生物體內蛋白質功能有其影響，並得知這些問題的重要性和相互的關係，多細胞生物的生理功能運作就有可能行得通。

這項研究以領鞭毛蟲（choanoflagellates）做為研究對象，揭示了單細胞生物轉變成多細胞群落的過程中鞭毛的重要作用。單細胞生物如領鞭毛蟲是最早的多細胞生物的祖先之一，它也可以聚集成多細胞的群落。這些單細胞生

物具有彎曲的短條狀構造，也就是鞭毛，鞭毛的功能就像船的馬達，能夠使領鞭毛蟲在海水中不只能隨波逐流地移動，還可以朝向特定方向移動，鞭毛的功能不僅僅是單細胞生物的運動工具，還可能與細胞間的相互作用和組織形成有關。例如往營養成分濃度高的方向前進，或者遠離有害物質。隨著時間的推移，一些單細胞生物進化出了形成多細胞群落的能力，形成更大、更複雜的結構。也就是說，如果我們早期的單細胞生物祖先要轉變成真正的多細胞生物型態，不只是依靠鞭毛形成的聚落型態，它可能還促進了細胞間的黏附和通訊，有助於多細胞生物的形成。它們的鞭毛在形成多細胞聚落時所發揮的功能，在沒有了鞭毛之後勢必需要其他蛋白質來彌補。

為此，科學家比對了超過40種的生物體內的基因，利用基因序列比對以及計算，推算出演化的過程，來重建早期的蛋白質，因此得知在古代的生物世界蛋白質的型態和運作模式。這些基因序列提供了重要的資訊，有助於揭示生物演化的過程和蛋白質功能的變化。在這些過程之中，科學家們發現動物開始能夠以多細胞方式存在，並且

再也不需要鞭毛這項重要構造。

俄勒岡大學生化系所的教授以及分子生物學院主任 Prehoda 教授和他的研究團隊認為，蛋白質的突變可以使新的細胞有規律地定向排列，從而取代了鞭毛這一重要構造的功能。這個蛋白質的突變只不過產生一點點的不同，卻大大的改變了蛋白質的功能，並且讓生物的演化有了巨大的轉變。如今，這類型的蛋白質片段在現今所有動物基因中都存在，並且發展超過70種，而且在人體中找得到。這表明了這些蛋白質在生物體內的普遍性和重要性，並且為我們更好地理解基因與生物體結構與功能的關係提供了重要的資訊。

從目前已知所發現的銀河星球上，還未發現有像地球一樣的人類存在，為什麼只有在地球上，會有如人類可以雙腳行走並能自主學習的生物？人類從哪來？人類的起源是一個複雜而多樣的問題，涉及生物進化、遺傳學、神經科學、文化和社會等多個領域。透過對這些領域的研究和探索，我們可以更好地理解人類的起源以及與其他生物的關係。

地球上的人類靈魂總是想往高處走，正如古話所說的「人往高處走，水往低處流」，人類不斷追求高度和強化自己的意識，會隨著身體一直想要強化而讓人類靈魂長期處於向上追求的狀態。地球上早期的人類始終處於光亮的狀態，在人類與神共存的時代，少部分人類也擁有飛行的能力，就像中國武俠小說中所說的「輕功」，好比人類自古以來一直在尋求提升和強化自己的能力，擁有了超凡的能力，但他們可能會面臨各種困難和挑戰。而少數人墮落、被遺棄、離開地球，也有等待適合的機會想再次回歸到地球的行列，尋找適合的機會。而其餘的大部分人還在成長的階段，但因為地球環境持續被使用，從農耕時代、工業時代、文藝復興乃至現在的網路時代，造成地球的能量場一直處於不流暢的循環。從阿卡西紀錄的角度切入，以往我們看到人類靈魂各有不同，呈現出多樣的形式，可能是由於個人的心靈狀態、信仰、價值觀以及與自然界和其他生物的連結等因素，即使是健全完整的身體，但人類的靈魂呈現如：動物、普通人、植物。這種連結可能表現為對自然界和其他生物的情感共鳴，以及對生命共同起源的理

解。從不同的觀點，我們可以理解人類靈魂的多樣性和與其他生命形式的關聯。

1. 我們發現第一種類型的靈魂狀態出現低頭、身體彎腰時，大多數的原因是因為情緒低落、身體駝背、自我力量薄弱、滯留在掙扎生存層面，而導致這個類型的靈魂呈現像動物的樣貌。

2. 第二種類型的人靈魂狀態則是一直站立，因為內心想要向上，想要保持著與太陽同樣的頻率，太陽的光芒照亮每一處土地。

總結以上所說，第一種靈魂容易低頭、彎腰時，吸收不到陽光、背對陽光，無法發揮自身真正的力量，就像動物的身體用四腳行走，始終背對陽光，這樣的靈魂會像動物意識，很難選擇自己的命運，被大環境、社會、周圍的人而掌控，想象一下如果你的靈魂形態是一頭野豬，視線範圍只能看到前方，用四腳行走，你只能掌控前面看得到的事物。這種意識的黑暗可能源於對自己的局限性和受

限制的感知，以及對外界的不確定性和恐懼。在這種狀況下，人們可能感到缺乏自主性和掌控力，而更多地受到外在因素的影響和掌控。第二種類型的靈魂保持與太陽相同的頻率，是很容易得到成長的，這就是為什麼會有動物靈魂型態和人類靈魂型態的區別，動物靈魂型態的特性是被迫在現有的環境生存，人類靈魂型態的特性則是主動與太陽頻率連結，所以地球上才會有人類這樣特殊的生物存在！人類靈魂型態能夠主動地與太陽的頻率連結，這意謂著他們能夠吸收到更多的正面能量，進而實現自身的成長和發展。這種積極的連結方式使得地球上出現了人類這樣特殊的生物存在，並且賦予了人類特殊的能力和潛能。我們保持積極的態度和與充滿正能量的事物連結，這對於我們的個人成長和幸福至關重要。為什麼單細胞、爬蟲類的靈魂型態最終可以進化成人類的靈魂型態？因為這些靈魂意識想要繼續往上成長，靈魂因此而獲得進化。也有一些單細胞的靈魂就困在生存環境，不再繼續進化，每個靈魂的命運也因此而不同。多細胞生物與人類的連結相較於單細胞生物是更深的，平常飼養的貓狗這些家庭寵物，牠們

能夠在與飼主的相處過程中慢慢了解主人的心情和習慣，單細胞生物卻很難體會人類內心複雜的感情。

　　有些人的命運就像動物的進程是可以改變的，一直將自己的注意力只顧眼前的事物，無法再顧及其他面向的發展，他們可能會陷入固定的生活軌跡，無法看到更廣闊的前景和潛在的機遇，只能一味地前進。而得到進化的靈魂型態，對於那些想要更高意圖，更遠更光亮渴望的人來說，他們會積極尋求變革和成長，進而造就了靈魂開始改變自己的命運，也因此讓靈魂的意識更加主動的去突破。

　　海洋生物因為趨光的特性，也是朝著前方游，海洋生物的智慧因此也比陸地生物的智慧更高，我們所知的海洋生物如海豚、海龜和鯨魚，以其出色的智慧而著稱，與陸地生物相比，牠們顯得更具洞察力和擁有高度發達的智慧。牠們的智慧比陸地常見的智慧高很多，陸地生物的智慧除了人類以外，很難與海洋生物的智慧媲美。海洋生物與陸地生物因為活動範圍和生存環境不同，海洋生物會下潛、上浮，陸地生物活動範圍相對有限，雖然可以鑽地、奔跑，但卻沒有海洋生物探索的面積廣闊。海洋占有地球

面積的絕大部分，在海洋中能夠穿梭的空間更多，如果陸地生物在地面上想要深入土壤所能達到的深度，卻遠遠不及海底生物。除非是專門生活在地底的生物，但生活在地底的生物反而會有新的問題，牠們習慣生活在地底，就不會想在地面上生活，例如：兔子、老鼠、土撥鼠，這些生物的生命短暫，並且智慧水平不高，牠們習慣躲在洞穴，不習慣停留在地面太久。所以生存環境也會影響不同種類動物的靈魂層次，動物的靈魂層次由高往低依序排列：海洋—天空—陸地。這表明了不同生物所處的生存環境會影響其靈魂的層次和發展水平，表現出生態和行為差異，海洋和天空生物通常具有較高的靈魂層次，而地底生物則傾向於較低的靈魂層次，代表了生存環境對動物靈魂層次的影響。

如果身體與靈魂的狀態不符合，就很容易陷在現有的限制中，難以擺脫和操控，想要進化的靈魂就需要與太陽頻率吻合方能得到成長。與太陽比較接近的植物存活時間也更久。

而人類之所以能夠超過海洋、天空、陸地的動物靈

魂層次，是因為人類的智慧和技術創新對於推動人類文明發展和突破的重要性，人類能使用不同的交通工具，飛機和輪船、汽車的出現打破了自然的規律，地球上唯有人類能夠使用這些工具上天下地，人類的智慧才能夠掌控動物。請大家仔細觀察，飛機、輪船和汽車的出現並不是偶然，而是由一些有遠見的發明家所創造的，所以我們有了飛機、輪船和汽車，他們的願景是希望人類可以朝向更高更遠的地方邁進，帶領人類突破極限。萊特兄弟之所以發明飛機，是因飛機出現前的飛行裝置都缺乏控制系統，所以只要遇到強風來襲就無法維持平衡，因此兩兄弟開始思考如何改進這一情況，並且付諸實踐。經過長時間的觀察和構思後，他們設計出飛機的副翼裝置，這一創新的技術使飛機能隨著風吹維持飛機的平衡。至今，這項技術仍被廣泛應用在飛機上，二人因而被譽為現代飛機發明者。他們的故事充滿「夢想、創意、合作」三個元素，作為發明家，他們天馬行空地想像著飛行的可能性，並且不斷地尋求解決方案。他們的創意和勇氣激勵著人們追求他們的夢想，並且顯示出創造力和決心的力量。同時，他們

的合作和互助精神也彰顯了團隊合作的重要性，在實現夢想的道路上，互相支持和協作尤為重要。這是一個激勵人心的故事，教導我們追求夢想、勇於創新、並且珍惜與他人合作。在那個年代，航空業的發展充滿了不可預測的風險，許多航空先驅們都不斷地嘗試飛行，研究、發明及改良動力飛行。坐上自己發明的飛行器試飛，是一場極具挑戰性和危險性的冒險。這些航空先驅們經歷了無數次的失敗和挫折，有時甚至付出了生命的代價。1896年，萊特兄弟所景仰的德國航空先驅李林達爾於試飛他的滑翔機時墜機身亡，面臨著技術不足、設計缺陷以及未知的氣候環境等各種挑戰，他為人類航空獻身的精神，深深激發兄弟倆為飛行而努力。儘管如此，這些失敗經驗並沒有阻礙航空業的發展。相反，他們激勵著後來的科學家和工程師們不斷地改進技術，提高飛行安全性，並最終實現了人類對於飛行的夢想。因此，雖然失敗經驗是痛苦的，但也是航空業進步的必經之路，是一個寶貴的學習和成長機會。萊特兄弟經營自行車生意，並以此支持自己在飛行研究方面的發展。自1900年至1902年間，二人分別進行數以千次

計的實驗，又曾試飛過千次，不斷改良飛行器的機翼、發動機、螺旋槳。過程當中，總不免會遇上設計上的瓶頸，或在試飛時摔得遍體鱗傷，但兄弟倆卻從未放棄。科技發明固然講求知識，創新及嘗試的精神也絕對少不了。他們不僅發明了世界上第一架成功飛行的動力飛機，更重要的是，他們的成就啟發了後人對飛行技術的進一步探索和發展。萊特兄弟除了喜愛思考、不怕失敗、勇於嘗試，更對事物觀察細微。他們從觀看鳥類飛行時翅膀羽毛的角度轉變，推想出控制航空器飛行方向的方法，我們發現萊特兄弟的靈魂類似天使的形象，他們的靈魂承載大量天使的翅膀，存有前世天使的記憶，試想為何一般人卻不像萊特兄弟那樣好奇人類如何像鳥一樣展翅飛翔，正是萊特兄弟的前世記憶促進了他們想要發明飛機的驅動力，幫助人類突破了天空的限制，他們視榮譽為糞土，不發表自己的自傳也不接受記者採訪，他們不計回報幫助人類，正如聖經中的天使不計代價幫助人類一樣。萊特兄弟的貢獻不僅對人類的交通方式、軍事作戰、科技發展產生了深遠的影響，同時也為人類的文明進步和未來的發展打下了堅實的基

礎。他們的努力和成就造福了全人類，成為了人類歷史上不可磨滅的偉大貢獻者。

而汽車的發明並非由單一個人完成，而是歷經多人的努力與貢獻，他們希望人類可以像獵豹一樣奔跑、擁有獵豹的速度，理想是創造一種能夠為人類提供更有效、更方便、更舒適的交通方式。他們致力於改善人們的生活品質。自汽車取代馬車以來，雖然靠著車輪移動的事實沒有改變，但外形和動力來源都經歷了巨大的演進，汽車成為一種改變世界的力量，提高人類的生活水平，以促進社會的進步。隨著時間的推移，汽車從最初的發條驅動、蒸汽動力，到後來的汽油引擎車，經歷了技術的革新和進步。隨著汽車的普及和使用，新世代的汽車不斷湧現，擁有更高效的引擎、更舒適的車廂設計、更智慧化的功能和更環保的動力來源。這些新世代汽車的推出，不僅讓人們的交通工具更加便利和舒適，也導致了舊有交通方式的逐漸淘汰和改變。汽車的普及使得人們對於舊有的交通方式，如馬車、牛車等，逐漸淘汰，轉而選擇汽車作為主要的交通工具。這也反映了科技的進步和社會的變遷，人們越來越

傾向於接受新技術和新事物，以追求更高效、更便利、更舒適的生活方式。1820年蒸汽汽車在英國誕生後，在當時確實引起了馬車伕和行人的不滿和反感，因為蒸汽汽車轟隆隆駛過，噪音、污染和不可靠性帶來了困擾。另外當時汽車性能很不可靠，故障頻繁，汽車的普及而有了相關產業的發展，如汽車製造、加油站、修理保養等滿街都是，受到了一些批評和反對，與貴族馬車裝飾富麗堂皇，馬車伕制服整潔成為鮮明的對比。在1913年，美國的福特發明出利用傳送帶的大量生產系統，確實是汽車工業的一個重大突破，它大幅降低了汽車的價格，在這之後汽車更加普及和人人負擔得起。這種工業化生產的模式不僅影響了汽車行業，還對其他工業產品的製造方式產生了深遠影響，成為了現代工業的基石之一。以此量產系統為基礎，汽車的「行駛、轉彎、停止」的基本性能和舒適度都有了飛躍性提升。

至於蒸汽動力船舶的出現，則為海上運輸帶來了巨大的革命性變化。有了蒸汽動力，船舶不再依賴風力，而能夠獨立行駛，大大提高了船舶的速度和遠程航行能力。

第一艘蒸汽動力渡輪是 Hibernia，它在英格蘭威爾斯霍利黑德（Holyhead）和愛爾蘭都柏林（Dublin）之間運送乘客。其他國家也同時開發了蒸汽動力船舶，特別是在美國，從 1811 年開始沿著俄亥俄河和密西西比河航行。更大的船舶出現，甚至橫渡大西洋。這不僅改變了人們的海上旅行方式，還促進了國際貿易的發展，拉近了各國之間的距離，推動了全球經濟的發展。在當時，這些發明家因為發明這些聞所未聞的發明也被視為怪物般的存在，不被一般人所認同。正如所提到的，飛機、輪船和汽車的發明都出現在1800年至1900年之間，這個時期正是人類創意和發明活動的高峰時期。

每一個世紀的靈魂意識會在不同的國家及地區同時產生偉大的創意和發想，這些創意和發想反映了當時社會、科技和文化的發展水平，同時也反映了人類靈魂意識的變化和提升。人類整體意識每到一個時間節點就會對世界產生巨大的時代變化，是以一百年為一個單位來作為進程，蒸汽船的出現相比於飛機和汽車的時間，所發明的時間是最早的，與前面所說的海洋生物的靈魂智慧是相呼應的，

它標誌著人類利用科學技術征服海洋的開始，也象徵著人類對未知世界的探索。創意和人類靈魂的相互交錯是非常綿密的，每一個創意和發想都反映了人類對生活和世界的理解和想像，同時也反映了人類對未來的希望和渴望。

零和一的法則

　　不知道大家有沒有想到在生活中所使用的鈔票100元、10元、1元的面額，或是考試滿分100分，都是以0和1為單位，為什麼不是99分或98分來代表滿分，一個世紀是以100年來計算，這是因為在地球有個法則叫零和一的法則，就是數字都是由0和1組成的，這種基於10的幾次方的系統與二進制的工作方式相符合，反映了二進制數字系統在現代社會中的重要性和廣泛應用。政府之所以制定這些鈔票和面額和教育體系制度的機制，就是與這個法則有關。機率與二進制之間的關聯在於如何表達和處理不確定性。命題一般會以以下形式：某種事件會發生嗎？對應的想法則是我們可以確定這件事件發生，所以確定的程度可以從0到1之間來表示，其中0代表不可能發生，1代表

必然發生，這個數值就是機率。因此，若事件發生的機率越高，表示我們有認同這件事件的可能。

0和1代表創造和回歸，《從0到1》的作者是美國創業家和創投本家彼得‧提爾（Peter Thiel），他的座右銘是「不要害怕去追求大事（Don't be afraid to go for big things）」。他是 PayPal（第三方支付服務提供商）和 Palantir（一家美國的軟體和服務公司）的共同創辦人，也是 Facebook 的第一位外部投資人，他的這筆投資，被稱為風險投資史上最成功的投資之一。他是一位具有強烈創業精神的企業家和投資人。他在創辦和投資多家科技公司時展現了勇於冒險、尋找機會的精神，並願意承擔高風險帶來的挑戰。他具有哲學與法律的學位背景，卻在科技和創投世界大放異彩。

這本書帶給我們最大的啟發，就屬這一句：「有什麼是你跟其他人有不同看法，但是你覺得很重要的事實？」換句話說就是，大部分人都相信「某件事」，但事實卻與「某件事」相反。他善於發現並抓住時代變革的機遇，並在投資領域尋找具有顛覆性潛力的創新項目。當我們看得

見、找得到這樣的事情，基於敏銳的投資眼光和精準的判斷力，在面對挑戰和困難時能夠堅持不懈，就能創造出商業價值。從人類歷史來看，進步不會自動發生，而是有一小群人把想像中的科技創造出來。他具備了優秀的創業能力、投資眼光和毅力，同時擁有豐富的人脈和資源，這些因素共同促成了他的成功。

第一種「水平或延伸式的進步」是一種有效的學習方法，它允許人們從已經成功的方法中學習並應用到其他地方。這種方法不僅可以節省時間和精力，還可以最大程度地利用現有的資源和經驗，從而實現更快速的成長和發展。就像是數字的從 1 到 n。以麥當勞為例，他們在美國成功運作的模式是一個成功的範本，透過將這個成功模式複製和擴展到其他地區，他們實現了全球化的展店。這種方式可以讓企業在不同地區實現一致的運作標準，提高了效率和品質，同時也降低了風險和成本。麥當勞在美國成功的運作模式，這是 1；之後的全球化展店，就是 n。

第二種「垂直或密集式的進步」這種進步通常涉及科技創新，即開發出全新的、更好的方法來做事情，就像是數字的從 0 到 1 的跨越（也就是這本書的書名由來）。這種「科技」進步，指的是發明更新的、或是更好的做事情方法，需要創新思維和風險投入，但卻可能帶來巨大的回報和影響。像是原本的餐飲文化，生產速度慢、效率低下、等候時間很長，這代表是 0；而麥當勞看到這個痛點並著手解決，發展出了超高效率的速食組裝線，不斷地挑戰現狀，尋找改進的空間，大幅降低了餐點的等候時間，這就是 1。這代表只要有一件事物的存在，就會有更多與之相關的事物被加以延伸擴展，對於創業來說，建議是打造有創意的獨占企業，並且盡可能避免競爭。獨占企業因為沒有競爭者，他們可以自行定價，根據最大利潤原則決定產量與產品價格，從而實現利潤最大化。

　　而與獨占企業的相反是完全競爭，這時候生產者的供應完全符合消費者的需求，價格就只能以市場價格來決

定，長期來看，在完全競爭狀態下的公司將得不到經濟利潤。舉例來說，想像你在台北市開了一家專門提供英國料理的餐廳，你可能會認為市場完全由你獨占。但這個講法只有限定在英式料理市場才是對的。萬一真正的市場是整個台北市的餐飲市場，或是附近城鎮的所有餐館也都是市場的一部分，那麼情況就不同了。身處完全競爭狀態下的企業，有時候會高估了自己在市場上的獨特性。

對於現代人因為太容易透過網路學習和模仿的成長方式，反而會造成自己失去獨特性，沒辦法突破競爭，失去自己的創意和靈感，逐漸被大環境的趨勢所取代和吞沒，所以在現實生活中，最好的競爭方式往往是沒有競爭，也就是所謂的藍海市場。既滿足消費者的需求，同時要意識到競爭環境可能存在的壓力和挑戰。

創業者需要不斷地提升創意，找到與眾不同之處，以在競爭激烈的市場中脫穎而出。競爭雖然有助於整體的進步，但不利於個人或整體的獲利。如果一個產業處於高度競爭的狀態，其中一家企業就算倒閉了，對這個世界來說可能影響不大；其他類似的競爭者永遠準備好取代它的

位置。在這種情況下，競爭往往會導致價格下跌，利潤降低，甚至是企業的倒閉。對於我們個人的角度來說，當我們把眼光都放在跟別人競爭的時候，我們會過度模仿和複製他人，做跟他人一樣的事情。這樣做不僅缺乏創新性，也難以在競爭激烈的市場中脫穎而出。而更具優勢的策略則是，活出最真實的自己去解決某一個獨特的問題、創造出某一個非我們不可的產品或服務。因此，重視競爭的結果往往是，優勝者會脫穎而出，而劣勢者可能被淘汰出局。最後，才會擁有最獨特的優勢，也會擁有最高程度的自由。

蘋果這個品牌的成功可以歸因於其革新的創意和獨特性。它當初創立不被人看好，創造出了與一般手機和電腦完全不同的操作系統和硬體按鍵，但這是因為蘋果這個品牌的獨特性，而創辦人賈伯斯的思維不是去模仿微軟、三星、諾基亞、摩托羅拉等。這些已經占據電腦軟體和手機市場的老牌龍頭的軟體硬體的運行方式，反而從中行銷自己，並用心地從基礎打造它，告訴消費者3C不僅僅只是代表一種通訊工具，還因為它成功地傳達的設計理念和帶

給人們一種新的使用方式，讓消費者能夠感受到蘋果想要革新3C格局的堅持獨創性，得到了消費者的廣泛認可和接受，從而造就了蘋果品牌形象和成功的市場營銷策略，目前在3C的市場獨霸一方的趨勢。

八二法則

　　現今社會的階級貧富差距的不均勻分配，成功人士所擁有的財力往往是普通人的數百倍甚至千倍以上，但這些成功人士只占全球人口不到20%的比例，絕大多數人依然在為自己的溫飽生存而擔憂煩惱。僅有不到20%的人擁有了絕大多數的財富，而剩下的80%的人則只能共享著有限的資源。這裡我們要提出一個地球法則叫八二法則（80/20法則），指的是約有20%的因素影響80%的結果，也就是說所有事物中最重要的只有20%的部分，其餘80%並不是最重要的，影響的幅度遠低於關鍵的少數。那些成功人士，他們掌握了社會資源和財富的關鍵部分，使得他們的財富增長迅速，與此同時，絕大多數的人則面臨著貧困和生計的壓力。這種不均衡的財富分配情況反映了八二

法則在現實生活中的應用。人生如同一座天平，它運作不公平的分配；但這種不公平的分配反映了現實世界的複雜性。而不公平的分配規則也符合世界的本質，因為這個世界本來就不是平等的，也永遠沒有平等，人們只要站上了天平，就會漸漸呈現出傾斜的現象，而這種傾斜的現象是不可避免的，能改變的就是你要往哪邊站！

「八二法則」是一個普遍存在於生活中的規律，人類在人生中永遠無法擺脫的、也是在人生中不能不去了解的、非讀不可的法則，它指出了一種不平衡性的規律，可它卻在社會、經濟、政治活動中，生活中處處可見、無所不在！這個法則指出，只有少數人負責了大部分的結果，而絕大多數人只負責了很少的部分。問題是——你要選擇做80％，還是20％的那一方？20％的人會堅持理想，80％的人會放棄理想；20％的人都會正面思考，80％的人只會負面思考；20％的人擁有明確目標，80％的人只會胡思亂想；20％的人看重經驗、記取經驗，80％的人按自己意願、我行我素；20％的人買別人的時間，80％的人賣自己的時間；20％的人明天的事今天做，80％的人今天的事

明天做。這就是為什麼世界的命運大多被這20%的人所掌握。你是會像是那個負責80%的人，還是那個負責20%的人？這20%的少數人堅持理想、正面思考、擁有明確目標不斷前進、吸取經驗、懂得營銷自己、今日事今日畢！而80%的多數人每天想法混亂只會無故抱怨、目標不明確、我行我素、只能用自己的時間付出自己的體力來換取自己微薄的金錢！由於這種不平衡性，世界的命運往往掌握在這20%的人手中。他們的行動和選擇決定了社會和經濟的走向，而絕大多數的人則只是在這個過程中被動地受到影響。

猶太人在世界以智慧著稱，僅占世界總人口不到0.2%，全球猶太人總數為1500萬，連台灣一個國家的人口都不到，也不及中國任何一個省份的人數，但他們卻是世界上以少數人影響多數人的絕佳例子，比如愛因斯坦、馬克思、拉斐爾、畢卡索、孟德爾頌、奧本海默、馮·諾伊曼、卓別林、史蒂芬·史匹柏、瑪麗蓮·夢露、羅斯柴爾德家族、洛克菲勒家族、摩根家族、高盛家族、索羅斯、祖克柏等，他們對於當今科學、思想、藝術、經濟、

政治、文學的貢獻和成就，卻令許多人口多於其數十倍乃至百倍的民族相形見絀，他們到目前仍以自己的獨特魅力影響著世界上的多數人！他們經受亡國之苦，四處流散、備受迫害，但他們也在許多地方取得了社會和經濟地位的提升，屹立不倒，他們鼓勵孩子們勤奮學習，追求知識和智慧，這種價值觀使得猶太人在各個領域都取得了傑出的成就。這使他們像是有天生的生意頭腦，創造大筆的財富和無數的發明。這就是猶太人的神奇發現──「78/22法則」。猶太人，可能對自身歷史和文化的理解，以及對於成功和影響力的深刻認識，認為「78/22法則」是宇宙大法則，以及它在人類社會中，展現了又穩定又和諧的持續效應。因此，猶太民族一直遵循這個神聖的宇宙法則，繼而開創出吸引世人目光的、不可思議的偉業！然而盲目跟從這個法則可能不是明智的做法。雖然這個法則提供了一個有趣的觀點來解釋成功和影響力的現象，但在現實生活中，成功和影響力往往受到多種因素的影響，包括個人努力、機遇、環境等。再次強調，每個人都擁有無限的潛能，那是人類最寶貴與最了不起的資產。

八二法則是19世紀末20世紀初義大利經濟學家帕雷托發現的，他認為在任何一組東西中，最重要的只占其中一小部分約20%，其餘80%儘管是多數，卻是次要的。在這世界上，大多數人都非常努力，但只有努力的話，方向不對也沒用！所以，你必須重新審視自己、詢問自己，你是否讓自己擺對了位置？在這世界上最暢銷的「第一品牌」，不是汽車、豪宅，而是你自己。因此，我們應該保持開放的心態，並從不同的角度去理解和探索成功的原因。

　　很多偉大的發明家、音樂家、藝術家往往都無法立即被同一年代的人所認同，但他們的偉大發明卻能夠影響人類發展幾十年甚至幾百年以上。這些發明家之所以能發明這些工具，並讓工具可以得到廣泛性的使用，他們運用了大自然每種生物的天然優勢而獲取成功，他們的思維超越了常人，致力於造福人類，這種思維可能源自於對更高層次的事物的理解和記憶。他們都帶有前世的記憶，想要幫助地球上的人們回到自由的國度，讓人們自由潛水、飛行和奔跑，卻又因為受到地球重力的影響，只能使用落地的

發明，這些發明家的出現來自於地球只要經過一段時間一定會進化，地球進化的整體能量就會影響到發明家們，喚醒了發明家的靈魂，讓他們的靈魂激發了超前的創意幫助人類進步，人類的發明在如今也已達到巔峰。這反映了人類社會和個體的發展過程中尋求認同感的需求，以及新思想和創意在社會中的接受過程，這些都是社會進化的一部分。

以個人來說，如果想要獲取事業或生活上的成功，你需要學會運用周圍適合的資源，這些資源的應用不能太超前也不能太落後，所使用的資源需順應時代的發展才能得到跨越式的崛起，如果你只是一味模仿複製別人的成功模式，你並不能真正發揮出自己的個人特色，從而足以影響到其他人，所做的一切也要配合地球整體能量去運作。

宇宙軌道上的地球探險家

　　其他星球的生物雖然有類似於人類的形象，不同之處在於他們的意識遠高於人類，他們移動迅速，有瞬間移動的能力，不用使用飛機、汽車、輪船任何的交通工具，就能在任何空間地點來去自如，除了地球以外的其他廣大星球都是如此，他們都運用意識移動，這是外星人的基因使他們具有這種能力，這些生命都被孵化在光蛋中，這樣特殊的基因組成了他們不一般的能力。因為他們不用製造任何交通工具，對於星球的污染也會很小，也不會製造出無限的循環模式。相比之下相似之處在於，他們都希望達到自由和自主的生活方式。

　　人類發明交通工具，問題不是出於發明者，問題是出現在使用者，當初發明交通工具的發明家們，是想要讓

人類回到可以自由在不同空間暢通無阻、可以飛行穿梭的階段，他們的初衷是真的想讓人類回到自由的狀態。但隨著交通工具演變製造的過程，人類的思維不再單純和輕盈，加入了更多成本考量、市場趨勢、技術比較、同行競爭的因素，交通工具才因此產生了排放廢氣、工業污染的問題，因此造成了有利有弊的局面。可能出現的衝突點在於，地球上的交通工具使用所帶來的環境污染問題，以及外星人的能力與人類的技術發展之間的差異。凡偉大發明在不同文化和時期中的不同用途，如中國的四大發明中的火藥，一開始是用於煙火的使用，當初發明者是為了可以在節慶中，為了增加更多節慶氛圍讓人更加歡樂，才發明這項工具，但火藥到了西方國家卻成了西方人攻城掠地、侵略他人領土的工具。

中國四大發明中的另外兩個發明造紙術、印刷術，發明家是為了保存完整的歷史、知識持續傳遞，也讓後代子孫可以飽讀詩書、報效國家而發明的，到了之後卻演進成了製造鈔票、以及人們發表文字觀點的工具。人類站在地球的土地上，就好像站在一個天平搖搖晃晃、左右搖擺

不定，始終想要找到平衡的中心，而地球正是用這樣的方式，無時無刻傳遞出它特有的振動，想讓我們人類了解平衡的重要性。

關於宇宙和人類起源的假設和觀點，強調了宇宙中多樣的生命形式和意識水平。首先，宇宙中一開始並沒有地球，地球是慢慢衍生出來的，地球的出現時間也是最晚的，也遠遠落後於其他星球，在45億年前，地球上尚未出現任何形式的生命，人類的出現也是偶然，由各種有機元素東拼西湊結合而成，與其它生物進化無關，儘管人類歷經了幾千萬年的演化，但意識的成長速度卻相對緩慢。其他星球的星球歷史已經存留了上千億年，地球夜晚上空中看到的星星就代表著這些星球的數量，每一個星球的種族組成不同，有單一、多種及混合，他們的意識智慧都遠高於我們。神佛、菩薩和天使也是宇宙中其他星球上種族的一部分，他們展現了更高層次的智慧和意識，他們的生活與地球類似，但卻沒有像人類需要承擔那麼大的壓力和責任，以物易物不用使用金錢，他們的思維都保持在創造，而不是以工作當人生的一部分。他們以自身研發出的物品

交換他人研發的物品，每件物品的功能都不一樣，不會像地球的工具功能統一，他們運用雙手創造配合意念產出實物，去往其他星球的方式是運用飛行、瞬間移動，腳踏時空跳躍點，來到地球的外星人意念速度跟不上母星的大部隊，而停滯在地球。自願來地球的外星人數量極為稀少，埃及神話和蘇美文明、中國神話的天神菩薩，當初來地球留下遺跡是將地球當作資源研發的地方，因地球處於宇宙的位置是很偏僻的，這些歷史古蹟都是他們遺留的實驗試用品，所以功能沒有很齊全，但古蹟的材質是很特殊的，才能存在於地球那麼久，金字塔的建築材質是外星材質。因為他們外形奇特，角色類似於地球的科學家，具有創造的能力，而被地球人當作天神，菩薩所使用的法器之所以能夠海納百川，摩西的手杖能夠劈紅海，是因法器寶具來自於外星的科技，每位菩薩所使用的法器都不一樣，功能也都各異。神佛菩薩天使對於地球人的定義是「神」，但對於外星人的定義則是「人」，我們不應用維度次元來劃分他們，而是應以「界」來作區分即可。如菩薩界、天使界、基督界、佛界，菩薩界的種族都是菩薩，天使界的種

族都是天使，或是某種外星種族。他們的死亡只是時間過度，靈魂還是同一個載體，他們的身體與靈魂是永恆的，就如同種瓜得瓜、種豆得豆，只要身體與靈魂其中有一個有保留，這個生命就不會消逝。菩薩死亡之後會重生為類似童子童女的形象，時間到達一定階段會回復到原本菩薩的樣貌，童子童女到菩薩的這一過程，會無限的在菩薩界重複，這是他們所在的世界普遍的現象，靈魂的初心不變才造就了菩薩界的菩薩形象不會改變。菩薩界的菩薩一樣會經歷死亡，但卻擁有「無限再生」的能力，這裡「無限再生」不是指他們的身體不會衰敗，而是指他們的靈魂總是會堅持同一目標持續地進化。

　　然而，人類目前只能實現靈魂永存不滅、身體則會衰老死亡。關於外星人是否存在於地球以及相關的證據，目前沒有確鑿的科學證據能夠支持這一點。然而靈魂被認為是人類不朽的部分，是與肉體不同的存在，具有超越生死、超自然的特性，確可作證。許多外星人看到地球的生活只是路過，並不會帶有特別的好奇，地球對於他們只是一個旅途中路過的風景，來到地球的外星人之間互不相

識，來自於不同星球，而分散在地球各地，雖然母星星球的外星人想要跟地球上同一星球的外星人溝通，但溝通卻很困難，停留在地球的外星人很容易被地球人同化，漸漸遺忘原本外星的語言和能力。

現今被地球人發現在地球上的外星人，他們是故意被地球人看到，他們的層次在其他外星球是較為低等的，外星人都具有偽裝的能力。意謂著他們可以以不同的形象和外貌出現在地球上，並且可能隱藏他們真正的身分和來歷。這種能力可能包括改變外觀、模仿地球人類的外表、使用假名或虛假身分等。透過這種能力，外星人可以避免引起地球人的懷疑，並且在地球上進行活動而不被人察覺。我們該注意的是全人類進步的方向該是內外兼顧，既觀察內心又強化外在。地球的課題越多，越會消減自身的天賦能力，天賦能力強化速度容易比退化速度慢，人類的意識需要慢慢積累並銘記自己的優勢，金錢的匱乏僅僅只是人生面向的冰山一角，少數的靈性力量仍需努力創造，習慣思想比行動先行，才能改造整個地球的意識。

地質學家透過分析岩石的不同層次，來確定地質年

代，以確認地球的地質歷史和太陽系的形成過程。太陽星雲是太陽形成時遺留下來的一團圓盤狀塵埃和氣體。太陽誕生後，它演化並成為太陽系的其餘部分，地球就是從太陽星雲中誕生。地球在早期因為頻繁的火山噴發和與其他天體相撞，地球處於熔融狀態。隨著時間的推移，地殼逐漸冷卻成固體，但內部仍然保持液體狀態。我們之所以探索地球的地質發展，是因為人類每天都要踩在地球的土壤上，去面對我們每一天的生活，探討我們對地球地質演變的探索的重要性。地球地心所傳遞出的能量會經由地底擴散到地面，再影響到我們人類的全身，所以了解地球的地質演變很重要。地球的火山爆發就如同人類的情緒一樣，隨時需要得到釋放，地球隨時想以這樣的地質變動方式告知人類，火山爆發和地球內部熔融之流質，所帶動之板塊運動，和人類的整體活動有密切關係。

地球雖然有實體，擁有深邃的海洋、開闊的天空和寬廣的土地，但人類的整體靈魂頻率卻會引響地球的板塊運動。地球的變化主要體現在地球板塊運動上。地球表面及淺處部分被分為若干個大板塊，這些板塊包括地殼和地函

上部，相當於岩石圈，約100公里厚。這些板塊之間在板塊邊界處發生相對運動，其中主要有兩種運動方式：一種是擴張，即板塊之間分開；另一種是隱沒，即一個板塊向下滑入另一個板塊下方。這些板塊運動會導致地球上出現地震、火山活動以及地形變化等現象。人類的靈魂頻率不僅會影響到地球的地質，也會影響到地球的海洋，地球的70%面積由海洋組成，如果70%的地球面積被污染了，地球終將會迎來毀滅，32億年前，海洋成為了最早的生命起源地，不僅是人類生命的起源地，更孕育了大量的生物物種。現在全球有超過30億人口以及沿海社區都依賴著海洋提供豐富的資源，以維持生活所需的食物和生計。海洋的健康狀態對於地球的宜居性至關重要，不僅在氣候調節、水循環與吸收二氧化碳等，更能夠減緩氣候變遷的影響。海洋能夠調節地球溫度，吸收氣候系統中90%過多的熱量，如果失去海洋調節的地球，溫度將會上升至攝氏36度。

此外，氣候變遷正在加速洋流變化、海洋每年供應大氣50%至80%的氧氣、海洋從地球大氣中吸收近三分之

一的甲烷和二氧化碳，相當於100億噸，比熱帶森林的效率高出30倍。然而，人類的活動，包括工業式捕撈，塑膠污染，以及石油與天然氣的離岸開採，已經對海洋的功能造成了巨大影響，削弱了海洋減緩氣候變遷的功能。如果地球連地質、海洋都被污染了，那麼接下來被污染的將會是空氣，當地球這三大重要元素都被污染的時候，就是地球迎來毀滅重組的時候。人類每天需要來自陽光、空氣和水的資源來賴以生存，陽光提供了能量，支撐了地球上的生命，讓植物進行光合作用並產生氧氣。如果土壤和水源都被危害了，達到無法負荷的標準值時，就會影響到空氣層，人類所吸收的氧氣將不再純淨、我們所生活的地球也是一個具有生命的靈魂體，它也需要順暢的呼吸。

水是生命之源，不僅構成了地球表面的大部分，也是人體細胞的主要成分，我們每天都需要水來維持身體的正常運作。人類的科技雖然越來越先進，地球的受污染程度卻越來越嚴重，人類所表現出的欲望包含自私和貪婪，始終充斥和包圍著地球的四周。人類的科技水平在過去相對較為原始，使用簡單的技術和工藝時，地球的受污染程

度卻沒那麼嚴重，源自於那時的人類還停留在生存方式較為單純，欲望的展現不像現今時代多元和複雜。現代社會中，人們的欲望和需求不斷增加，想法情緒欲望的體現較之過去受到更多的挑戰和質疑，不論是與家庭工作情感上的現實關係、還是網路世界上的互動，現實與網路交織而成的複雜人際關係網，尋求情感上的滿足和支持，更造就了人類應更加審視自己的行為如何影響著環境和世界。

如果人類一直保留單純的意識，地球就不會受到更多污染嗎？答案是否定的，人類所吸收的營養大多來自於食物，食物又因土壤的變化而改變了食物的營養成分，土壤的變化來自於人類的建築、交通、購物等各種方面的需求，因此土壤的養分越發稀少。土壤污染的程度已經在隨著人類的開發使用慢慢加劇，現代人更注重乾淨、有機的飲食習慣，即使飲食習慣加以調整，但使用的食物營養依舊源於現在開墾的土壤，本質上並沒太大的改變。人類應該更加審視自己的行為，認識到自己的行為如何影響著環境和世界，並積極採取行動來保護和改善地球的生態環境。土壤也會吸取開發土壤的開發使用者情緒，開發使

用者的情緒大多是為了快速發展和獲取經濟效益去使用土壤，因此土壤的營養才會慢慢變得稀少薄弱。當我們越依靠外在，我們自身的神性、神力就會慢慢減弱，現今人類使用輔助的器具種類繁多，太依賴器具而遺忘了自己的本身能力，意識的傳遞、自我的力量增強才是最重要的。

　　地球在宇宙中的誕生充滿了美麗與神祕。起初，它被創造成一個富饒、和諧的環境，旨在成為宇宙中的一個璀璨之地，擁有廣袤的綠地、肥沃的土壤和清澈的天空。地球是我們的家，一個充滿奇蹟和美麗的地方。在地球的最初時期，侏羅紀時代，人類與恐龍可能曾共存。這一點得到了科學家的證實，他們提出了這樣的可能性。透過挖掘出來的恐龍化石，地質學家研究發現恐龍生活在距離現在2.5億年前的三個世紀（三疊紀、侏羅紀、白堊紀）。牠們是當時的霸主，因為牠們最強壯、種類最多、分布最廣、也是最兇殘的，大約在地球上生活了1.6億年。在三疊紀早中期，因為地球水資源很少，大部分體型小、進化得徹底的小型爬行類動物代替了大體型哺乳類動物和捕食的恐龍，在這段時間內，就有一些小體型的恐龍開始

在天空和海洋中出現。在侏羅紀時期，因為地殼運動使大陸分裂，這也驅使著恐龍進化。隨著大陸的分裂，地球上就有了體型更大的恐龍，就像吃肉的雙脊龍等，占據了天空陸地和海洋，所有的地方都有了牠們的身影，真正成為地球的霸主。在恐龍的世界裡，弱肉強食的生態法則十分殘酷。牠們以獵食其他生物為生，這種殘酷的競爭推動著恐龍們的進化，使牠們更加適應不斷變化的環境，成為了生態鏈的頂端掠食者。而在白堊紀裡，不管吃肉的和吃草的，恐龍的形狀都變得非常大，但是種類卻在減少。這種減少並非單純地因為進化過程中的競爭，而更多是因為自然環境的破壞。

在白堊紀後期，地球遭到一顆巨大的小行星的碰撞，這場災難性的碰撞對地球的生態系統造成了嚴重破壞，導致了大規模的物種滅絕。恐龍正是在這樣的極端環境變化中無法生存下去，就到那時候最終全部消亡了。這個巨大的災難改變了地球的生態環境，許多生物無法適應新的生存條件，導致了物種的大規模滅絕。地球上的一切生物最初都來自最基本的生物，現代人類的起源通常可追溯到約

20萬至30萬年前的非洲。這是根據考古學、人類學和基因學的證據所得出的結論。這些證據表明，現代人類的祖先從非洲逐漸遷移到其他地區，並在遷徙過程中與其他早期人類群體發生接觸和交流。根據目前的證據，恐龍是存在於幾億年前的龐大的物種，人類一開始是出現在500萬年之前，人類起源與恐龍存在的時代相隔了數千萬年，意思就是說人類並不可能出現在恐龍的世界裡。靈長類與恐龍之間的獵食關係，根據現有的科學證據和研究，靈長類動物並不可能與恐龍共存，因為牠們生存的時間點有所不同。恐龍主要是在中生代生活，而靈長類動物則是在新生代出現。因此，靈長類動物不會是恐龍的獵食對象，也不會與恐龍共同生存。試想，如果人類與恐龍共存，以恐龍的身軀為食，恐龍身體龐大卻沒有人類的身體輕快靈活，人類獵殺恐龍是為了表現出在大自然中的霸權，人類想要征服所有生物是天性。

當今時代人類的鬥爭、戰爭、批評的種種負面行為，跟45億年前的狀態是一樣的、是沒有改變的，人類已經圍繞地球那麼久的時間，還是一樣原始的階段。可是在別

的星球，他們追求的是和諧，種族與種族之間都維持著和諧，不存在生物鏈的高低機制，他們與宇宙接軌以充電維持自己的生命。他們會共享取用物資，沒有獎勵和淘汰。地球的機制因為人們的思想而一直在扭轉，4年一次舉辦的全球奧運會，目的是為了和平，卻是以競爭比賽、爭奪名次的方式進行，鬥爭、競爭、模仿持續存在，地球的意識正需要我們的通力合作，才能幫助地球達到大躍進的效果。未來十年，進步的腳步將會減慢，疫情與戰爭的出現對於地球來說是必經的循環，跟隨地球法則會減少很多困難的來臨，地球的每一次波動伴隨著再次的創造和進化，地球的波動每隔幾百年就會發生一次，地球正因與其他星球相比相對落後，就衍生出地球自身獨特的法則，需要生活在地球圈的任何生命使用法則去幫助地球，隨時關注地球變化，抓住再次創造和進化的波動頻率，才能更快達到迅速的發展和成功。

chapter

0 2

靈魂的奧祕

靈魂來敲門

　　靈魂會有很多不同的狀態和特質，就像大自然中的生態系統一樣豐富多彩。

　　我們曾接觸到許多不同的個案中，每個靈魂都展現出獨特的狀態和特質，透過阿卡西的洞察，我們發現靈魂的形態可以是各種動物，例如甲蟲、海豹、海狗、翼龍、麻雀、老鷹、鵜鶘、鷗鴣、孔雀、海鷗、海豚、鯊魚、魔鬼魚、螞蟻、蚯蚓，甚至是植物如松樹、蘋果、堅果、葡萄、番茄，也有可能是物品如寶劍、流星錘、鋸子、盾牌、長矛、弓箭等，以及自然物質如水分子、沙粒等。

　　靈魂轉世也帶有不同的目的和使命，這與感情與感受息息相關，包括探險的興奮、滿足的快樂、無助的悲傷、夢想的追尋、彌補的心安、遺憾的懊悔、重複、豐富的體

驗、好奇心的驅使、失去感覺的麻木、無法掌控局勢的無助、痛苦的煎熬、沮喪的絕望等，這只是我們透過阿卡西看到眾多個案靈魂情況中的冰山一角。

靈魂的狀態千變萬化和姿勢多種多樣，有的坐著靜思，與自然對話；有的趴著沉思，感受大地的氣息；有的發呆凝視，欣賞自然的美景；有的站立凝神，與風雲交融；還有一些匍匐前進，探索未知的領域。因此，我們要認知到不是只有人類具有靈魂，靈魂也存在於大自然的一切生命和元素之中。透過與自然的互動和連結，我們可以更深刻地理解自己的靈魂，實現與自然的和諧共生。

真實案例 THE CASE

卡陰的靈魂

我回憶起最早的一個案例，她的靈魂是什麼狀態？在第一次觀看這個個案時，充滿了好奇心，想知

道為什麼這個靈魂會以這種方式呈現？以及這代表著什麼含義？

　　我也困惑於內在靈魂的狀態與外在表現的不一致，以及靈魂的形態為什麼會如此？我對這些疑問非常好奇，尤其因為這是第一次接觸且近距離觀察靈魂的情況。

　　第一次遇到的個案是卡陰，當時Joan的意識已經模糊陷入昏迷，她的身體無力，頭都無法抬起來，我看到她右肩後站著一位披頭散髮的低頭女子，這女子用一縷頭髮纏住了Joan的眼睛、鼻子，她的嘴巴都被頭髮蓋住，這使得Joan的靈魂無法看到前方的道路，導致身體陷入昏昏沉沉的狀態，因為Joan遇到了她累世的冤親債主。這就好像被某種邪惡的力量所束縛。不論Joan走到哪，這半透明的女子就緊跟在她身後，除了讓Joan身體昏沉，每天下班回家都會感到身體水腫，甚至和她同居的女兒，上課難以專心，下課回到家之後，兩人一起昏睡，就連飼養的寵

物狗也每天都在嚎叫。

　　Joan的男朋友看到她的眼神時常渙散，唯有用力拍打她的臉頰，才能把她從昏迷中喚醒，但是Joan總是不由自主地翻白眼，彷彿有某種邪惡力量在控制著她的身體。儘管她清醒時，神智已經六神無主，但是她的靈魂卻可以透過連結表達痛苦及需要幫助解脫。在被惡鬼纏擾的情境下，她已無法自我思考，只能期盼著一線希望，一雙溫暖的手來拯救她，使她逃離這無盡的黑暗。

　　所以不僅在世的靈魂會向我們求助，即將離開的家人，或已經在病床上不省人事個案的靈魂也會向我們求助。他們的靈魂來到我們面前的方式多種多樣，有些是透過夢境的形式，以某種象徵性的方式展現他們的訴求；有些是透過直覺、靈感或冥想的啟示，讓我們感受到他們的存在和需求；還有些可能透過不同媒介或靈媒來與我們溝通，將他們的訊息傳達給我們。

他們的靈魂來的道路可能不同，但他們的目的是相同的，那就是尋求幫助、安慰或解脫。他們可能有未了的心願、無法言語的憂慮，或是對家人的關心和愛。無論他們身處何方，他們的靈魂都在尋找著幫助和支持。

真實案例THE CASE

靈魂離世前的託夢

　　這個案例的事主是Mike，他的靈魂透過夢境告訴我他患了癌症，生命到了盡頭，即將要離開他的老婆和孩子，他們需要我們的幫助。他的老婆Lena是我們多年沒聯繫的客戶，由於我們長時間未曾聯繫，我本有打算近期問候一下Lena，表達我們的思念與問候。

我還記得當時我和Lena許久未見，但令人意外的是，Lena的靈魂居然也透過夢境來找我。這個夢境呈現的方式很特別，它讓我回想曾經與Lena之間的美好回憶，讓我產生激動和感動，但在這些夢境中，我感受到的溫情和感動遠遠超越了長時間未聯繫或猶豫是否應該打擾對方的疑慮。透過夢境，需要幫助的靈魂會以各種方式打動你，喚起我對愛的覺知。這樣的體驗讓我理解到，彼此之間的理解和包容是可能的，即使我們之前有很長時間沒有聯絡。然而，這個真實夢境讓我加快了行動，沒想到我只是簡單的慰問Lena最近可好，她卻火速回答我說非常的不好。醫院已經傳達病危通知，告知她的先生因為癌症生命只剩幾個月，她很害怕不知道可以找誰，這讓Lena陷入非常恐慌的狀態，這個消息讓我震驚不已，我立刻意識到我對這個家庭的思念更加強烈了。

　　最終，我成功地幫助了Mike跟Lena，讓Mike在生命的最後階段得到了安撫和幫助，也讓我和Lena

之間的關係得以更加的緊密。透過夢境，我們找到了彼此的連結，並一同面對了生命中的挑戰。讓我深刻體會到，人與人之間的情感連結是如此真實而強大，它們能夠打破時間和空間的隔閡，讓我們在夢中與那些久遠的陌生人或舊知己重新相聚，分享著情感和思念。

再者，我們透過冥想和夢境連結到一些個案，他們想要跟我們預約時間卻又難以啟齒，他們很怕打擾我們，但感應到他們真的想要找到解決困惑的方法。在真實面對面的諮詢中，我們問及這些客戶是否真的想要找尋幫助，他們坦言是的，只是擔心打擾到我們。

他們渴望找到真正解決問題的助力，而這些客戶也知道我們有能力為他們提供幫助，因此他們強烈的意識才會透過冥想或夢境的方式向我們傳達訊息。借助訊息能量場，我們能夠感知到這些客戶的需求，並為他們提供所需的支持和幫助，幫助他們解決困境。

這種靈性的連結讓我們能夠穿越距離，溝通心靈，為個案帶來真正的幫助和啟示。

鏡子裡的靈魂：
已故的靈魂求助

　　不只是在世的靈魂會向我們求助，死後的靈魂也會渴望尋求我們的幫助，死後的世界就像一面鏡子，一道生死的界限，鏡子前呈現的是死亡前的世界，鏡子後呈現的是死亡後的世界，而死後的靈魂總是想打碎這面鏡子，超越生死的界限，尋找解脫和安寧。死後的靈魂通常會透過不同的管道來連結我們，尋求幫助和溝通。有些靈魂可能會透過夢境或直覺的方式與我們聯繫，希望表達他們的需求和訴求。這種連結可能會讓人產生鬼魂的概念，而在恐怖電影中，常常會上演鏡子中有鬼的情節，這與我們透過阿卡西的方式觀察靈魂是一致的。

　　因此，我們需要保持開放的心態，並且理解到死後的

靈魂也有尋求幫助和溝通的需求。透過靈性的連結，我們可以為這些靈魂提供安慰、引導和支持，幫助他們找到安寧和解脫。

當我們踏入身心靈的學習過程時，很多人會很害怕往生者的靈魂靠近或尋求連結，他們抗拒卡陰、已故的家人靈魂靠近的現象，這種心理反應是可以理解的。但我們不可否認的是，往生者的靈魂也會來幫助在世的家人或同事朋友，有些往生者的靈魂會想要傳達一些資訊給自己的家人或同事朋友，他們不帶有想要傷害人的意圖，所以我們要意識到，往生者不一定都是帶來悲慘和痛苦，他們也會幫助在世的靈魂成長和前進。值得敬畏的神佛，如耶穌和佛陀也屬於往生的靈魂，既然我們已經相信耶穌和佛陀帶給世人的變化和啟示，我們也可以相信周圍人離世後會有想要幫助我們的意願。因此，我們無需擔心未來可能的前瞻性，也無需對靈魂的存在感到害怕。害怕鬼魂和尊敬神佛之間的心理反應是兩個極端，我們可以透過接受和理解，找到一個平衡的態度。

一個讓我印象深刻的個案，是一位來尋求幫助的男

士，表達了他母親去世的悲痛，並希望了解母親的靈魂是否得到了安息。他媽媽在離開後穿得很像觀世音、一身布衣，彷彿散發神聖的氛圍，讓人感覺彷彿很親近，深陷在一股超凡脫俗的感受中。前來諮詢的客戶，有些情況是已故的靈魂需要得到幫助，有些情況是已故的靈魂則轉變為導師，繼續在另一個層面上指引和支持我們。這樣的理解能讓人對生命的面向有更深刻的認識，也能帶來某種程度的安慰。

觀點與差異：
東西方文化靈魂觀

　　探索不同文化中的死亡紀念儀式，有助於我們更好地處理跨文化環境中的悲傷。雖然死亡本身並不是普遍的體驗，但各文化對悲傷的表達卻有顯著不同。透過了解世界各地不同文化的死亡紀念儀式，我們可以更深入地了解他們對生命、死亡和悼念的理解和看法。

　　在美國和加拿大，對於生命結束的定義與儀式常常流露出一份深刻的尊重與懷念。這些國家經常會建造公園或是歌唱歌曲來紀念已故的靈魂，例如國家公園、英雄紀念公園、紀念碑等，它們被建造在普通的街道和馬路旁，這樣一來，讓普通人也可以偶爾去悼念公園裡的已故者，同時也默許陌生人進入到已故者私人的領域。墳墓的建築

在西方國家隨處可見，小到在一棟房子後側，大到一整座墓園。並且在喪禮中，家人會將已故者所佩戴過的項鏈、戒指、耳環、帽子、領帶、手錶、皮鞋等家人遺留的遺物戴在自己的身上，認為這是精神的傳承，也透過遺物表達對家人的思念和寄託。喪禮中也會播放與已故者所經歷過的生前美好的影片和唱誦歌曲，來讓參加喪禮的參與者一起參與，共同感謝並尊敬這位已故者帶來的精彩瞬間，如果來不及參加喪禮的參與者，他們會在路邊脫帽致敬已故者，這是屬於他們的尊重與懷念的表達方式，彰顯了他們對逝者的深切感情和尊重。

　　而台灣、中國、日本、韓國等地對於已故的靈魂觀念較為保守，家人逝世後，其他家人是不會願意外傳這一事實，認為是一種忌諱，也不會將死者的遺物遺留在家裡或是佩戴在自己身上，一般選擇燒毀或是丟棄。在喪禮中的氛圍通常是肅穆沉重、大家都集中在靈堂一起悼念，很少有路邊脫帽致敬紀念的現象發生，比較注重儀式和喪禮流程上的進行。這種保守的觀念使得東方人往往閉口不談，喪禮也更加注重安靜和莊重。親朋好友會相聚在一起，共

同懷念逝去的親人，表達對逝者的思念和尊重。墓地的地點選擇也反映了這種觀念，只會讓家人或是交情很深的朋友知道，他們選擇墓地放在郊區或是偏僻的地方，避免陌生人隨意拜訪，保證已故的靈魂不被打擾。他們希望選擇一個安靜的環境讓已故者的靈魂得到安寧，以便踏往下個更好的靈魂旅程。

東西方面對死者的生死觀念截然不同，生命與死亡是每個文化最關鍵、最深奧的議題之一，而不同文化對於生死觀這一主題的看法相去甚遠，這種觀念的差異往往在節日中得到最明顯的體現。華人的清明、重陽及盂蘭節就是活人對逝者的回應和紀念；而西方節日主要受基督教文明影響，如諸聖節、萬聖節、萬靈節及復活節，則是對生死觀的另一種現象。若你身處一個華洋並存的環境中，便能看出中西文化對死亡看法的差異之處。

在不同的環境中，人們以不同的方式思念逝去的親朋好友，表達對生死的理解和尊重。無論是哪個宗教或文化，對先人的思念都是情感的表達，也是記憶的延續。基督教的諸聖節、中國人的盂蘭節，或是墨西哥的亡靈節

（其實是諸聖節的別稱），都是對逝者在節日上思念的體現。在傳統上，各個宗教和文化都是相信肉體死亡後靈魂還有下一個旅程。無論是受基督教的最後審判、佛教的輪迴之說、亦或道教的18層地獄，都在述說死後的下一站。

此外，任何民族對待死亡的觀念，都抱持著謹慎的態度，這在喪禮的安排中尤其明顯。然而，儘管在某些方面，我們可能會認為中西方對待死亡的看法相近，但是細節上的差異至關重要。華人在傳統上極為重視孝道，故有「百善孝為先」一說，將孝行視為至高無上的美德。相比之下，基督教文明中雖有尊重父母，但並不列為優先考量，還是以自我為主。以孝為先若成為一個社會道德觀的制約，雖會形成社會對不孝的鄙視，這可能會影響個人對先人的真實思念。

另一方面，西方文化不受孝道的制約，對先人的思念較少摻雜別的考慮，也會在沒有約束下而忽略了孝道。此外，在靈魂的下一段旅程上，基督教文明與中華文明之間存在著很大的差異，這反映了文化傳統、宗教理念、學習方向和個人的涵養接受度等方面的差異。這些因素共同塑

造了人們對生死的觀念和對逝去親人的思念的方式。基督教文明相信造物主對死人活人的最後審判；中華文明則偏向相信輪迴之說。然而，在當代唯物主義的影響下，很多中國人不再相信靈魂不朽，而是認為人死如燈滅，沒有來世。

在執行喪禮上，中西文化存在明顯的差異。中國文化有「慎終追遠」之說，廣義上理解為以家庭為本，但其核心仍然是孝道；亦有死者為大之說，要特別尊敬過逝的人，「逝者已矣，來者可追」。相對地，西方人的喪禮是展現死者的一生，透過喪禮來安慰在世的人。最後非常明顯的差異，在華人社會中普遍來說死亡是忌諱，而西方文化就沒有這層顧忌。

東西方國家對於處理已故者的方式不同，也會影響到下一代的信念，還在世的人會與已故者之間產生信念上的拉扯，西方國家將生命的結束當作是正常的現象，東方國家則將生命的結束當作是生命沉重的負擔。

家族業力對自身的影響

　　Eddie 為一間企業的老闆，生意蒸蒸日上，然而他卻深受胸口鬱悶的困擾。這種不適從他小時候就開始了，但近幾年更是嚴重影響到呼吸。他已經嘗試過非常多的醫療幫助，但都無濟於事，有一天他前來我們的工作室，詢問這個問題。當我觀看到 Eddie 的胸口有一道裂縫，驚訝的是，透過裂縫我看到 Eddie 身體裡卡著一具骷髏頭，似乎已經存在很久，不願離開。訊息告訴我，這具骷髏頭是來自 Eddie 父系家族的能量。這時 Eddie 透露，曾與家人去家族墓園整理環境，移動了一位長輩的骨灰罈的位置，而這位長輩就是現在卡在他胸口裡面的骷髏頭，後來才知道這位長輩生前也是 Eddie 的名義上的乾爹。自那天過後，Eddie 就一直做惡夢，每晚就是催促著他趕快尋求幫助。

這位長輩已經往生40幾年，但是靈魂沒有得到揚升幫助，所以靈魂找了最能跟他當時可以交託的後輩，就選擇依附在Eddie的身體裡，到某一天他的靈魂可以找到光明回家的路。這奇異的經驗，讓人深思生死和家族紐帶的力量。

　　有些已故的靈魂，會透過夢境、冥想、感應等方式，向還在世的家人傳達求救訊息，希望能得到幫助，如果當時沒有意會到或錯過對他們的援助，這些逝去的靈魂有時會轉變成影響家人或後代子孫的力量，他們的目的很簡單，就是要得到幫助以擺脫困境。

　　神奇的是，當我們釋放存在Eddie身體裡的已故長輩後，Eddie竟然馬上感受到胸口的放鬆，一種豁然開朗的感覺湧上心頭，內心莫名的糾結感瞬間消失了。這個經歷令人震撼，彰顯了人與靈魂之間神祕而深刻的聯繫。

宇宙流轉的審判法則

　　在基督教教義中的一個概念，每個離開現世的靈魂都會經歷上帝對人類的審判、回顧前世的經歷，都會經過一個空間，由宇宙告知播放生前所做的一切善惡之事，也會指引靈魂進入到下一階段，審判不會定罪和判刑，而是讓靈魂選擇確認去往的下一目的地是什麼。佛教強調因果報應，即個人的行為將產生相應的結果，這種因果關係會影響著個人的生死輪迴。

　　根據個人的行為，他們將在下一個生命中承受相應的結果，這可能是愉快的經歷，也可能是痛苦的懲罰。總而言之，犯過罪行的犯人或作出不法行為的人、有目的地詐騙他人、偷竊、傷害他人、引發戰爭等，這些生命結束時，他們的靈魂受到審判時，靈魂會有很多限制，與一般

自由的靈魂是有區別的。他們的靈魂經由回顧生前經歷，一樣會去往下一個目的地，他們只能被迫繼續往下走。審判的目的是讓每個靈魂去設定下一世的角色，宇宙對於靈魂的審判是嚴謹的，已故的靈魂即使休息了一段時間，但宇宙的能量不會停滯，會將休息中的靈魂推往下個目的地。對於生前犯過錯誤的靈魂，他們不想再經歷被責罵和批評，就會想要逃避不承認錯誤，這時就會有宇宙的守衛強制讓不想面對的靈魂去遵守宇宙不斷流轉的法則。懲罰和獎勵造就了宇宙的平衡法則，對於失去和獲得如果看得太過沉重，如果總是陷在失去的情緒始終無法感到滿足，會造成人生過於傾斜，地獄和天堂也因此被人的意識階段製造。地獄和天堂在於靈魂的評分，評分的標準可以被理解為遵循十大傳統美德準則，包括仁愛孝悌、謙和好禮、誠信知報、精忠報國、克己奉公、修己慎獨、見利思義、勤儉廉政、篤實寬厚、勇毅力行。

天堂和地獄都有分幾個不同層次和等級，天堂分三個層次，包含外太空、外太空以外的光界、人界，最接近的是聖經所說的有不同層次的天堂，是在《哥林多後書》，

書中說我認識一個在基督裡的人，他14年前被提到第三層天堂，有人將此解釋為顯示天堂有三個不同的層次：一個是超級委身的基督徒或獲得高靈性的基督徒的層次，一個是普通基督徒的層次，一個是沒有忠心事奉上帝的基督徒的層次。

在許多古代文化中，人們對天堂的概念有著不同的理解。有些文化將天堂視為天空的一部分，而另一些則將其視為外太空的一個神祕領域。此外，還有一個更超越物質世界的理解，即精神天堂，認為這是神居住的地方。

聖保羅在其著作中描述了神帶他到屬靈的天堂——超越物質宇宙的領域，與人們平日所知的世界截然不同，那是神居住的地方，這種不同層次對天堂的理解在聖經裡並不常見。聖經確實提到了天堂裡的不同獎賞，耶穌曾說過：「看哪，我快來了！我的賞賜在我身上，我要照各人所行的賜給他。」從這種角度來看，我們可以理解宇宙中存在著一種自然規律，根據人們的行為來分配獎賞。這種自然規律可能超越了我們所能理解的範疇，但我們可以肯定地認為，宇宙存在一個獎賞的機制，而且獎賞會因人而

異，根據每個人的行為和信仰而定。只有那些經過時間考驗、在艱難環境中得以堅持的作品，才能真正被賦予永恆的價值，並得到應有的獎賞。這些作品就像是由金、銀和昂貴的石頭所組成的建築，它們扎根於對自我的信念與堅定的信仰之上。相對地，那些缺乏堅韌精神、無法經受時間考驗的作為，就像是木頭、乾草和秸稈一般，缺乏永恆價值，無法獲得真正的回報。這些作為或許不是惡行，但它們只是表面的活動，無法超越個人利益，缺乏對大我和共同利益的貢獻。因此，我們應該以永恆價值為導向，尋求那些可以持久存在並對社會產生積極影響的事物。只有這樣，我們才能真正實現自我價值的提升，並為大我和社會的進步做出有意義的貢獻。

在基督的審判台上，獎賞將根據信徒一生的生命信仰資歷進行分配。這個審判不是對罪的懲罰，而是關於評估我們如何活出信仰，並將根據我們的忠誠和奉獻程度來授予獎賞。當我們談到罪的問題時，我們必須意識到罪的源頭，即對神的違背和我們與他人之間的破裂關係。然而，耶穌基督在十字架上犧牲時，祂已經為我們的罪付出了代

價，並帶來了上帝的寬恕和恩典。因此，基督徒的審判不是關於罪的懲罰，而是關於上帝對我們信仰生活的評估。

這是一個令人鼓舞的想法，因為它表明我們不必害怕罪的懲罰。相反，我們可以期待在基督的審判台上，我們的忠誠和信仰將得到肯定，並有機會接受獎賞的冠冕。這樣的希望使我們能夠以信心和堅定的心態活出我們的信仰，並追求與神的親密關係。

在中國神話中，地獄是神話中懲罰死後靈魂的地方，稱為十八層地獄，或十八地獄、十八重地獄、十八泥犁等。這個概念源自於古印度婆羅門教、印度教那落迦與佛教地獄，後來被道教與民間信仰所吸收並演變成地府。根據傳說，地獄環境恐怖陰森，受苦程度比人間監獄還要可怕萬分，鬼魂根據生前所犯的罪狀而接受不同程度的刑罰，有下油鍋、刀山火海、抽打折磨等。閻王為地獄之首，屬下的18位判官分別主管十八層地獄。人們對地獄的恐懼源於對罪惡後果的恐懼，以及對道德約束的敬畏。道德的約束使人遠離罪惡，因為他們知道犯下罪行將面臨地獄的懲罰。雖然地獄也在不同的文學作品有不同的描述，

但它們都強調了道德行為和善良的重要性，如《水陸全圖》、《酆都變相》中的東地獄與西地獄、《西遊記》、《十殿閻君圖說》。這些故事提醒人們應該遵守道德規範並遠離邪惡，以免受到地獄的報應。

在這個觀點下，肉體和靈魂對待天堂與地獄有著不同的態度和理解。死後的世界也只是地球的靈魂必經過程，就像資源回收物進入到資源回收站需要被分類、分解、粉碎、重組，而地球的靈魂也會有這樣的過程，身體在靈魂離開之後變成軀殼，無法正常地思考和行走，天堂與地獄是兩個不同的回收地點。對於天堂，人們抱持著一種崇敬和渴望的態度。他們相信天堂是一個美好、和平、充滿愛和喜悅的地方，是靈魂永恆安息的所在。在這個神聖的領域中，人們可以與神親近，享受永恆的榮耀和祝福。因此，人們對於天堂充滿著敬畏和希望，並將其視為一個值得追求的目標。相比之下，地獄則帶來了一種恐懼和不安的感覺。地獄被描述為一個充滿痛苦、折磨和絕望的地方，是那些罪孽深重的靈魂所去的地方。人們對於地獄的存在感到恐懼，因為他們知道如果自己的行為不潔淨，就

有可能被囚禁在這個黑暗的境地裡，永遠無法擺脫痛苦的折磨。這種對待天堂和地獄的不同態度，反映了人們對於生存環境和死亡的恐懼的不同看法。

靈魂就像是一個塑膠袋，進入到天堂和地獄後，塑膠袋開始被分類成塑膠類，分解成不同大小，之後被粉碎成塑膠顆粒，宇宙會從粉碎的塑膠顆粒中循環利用殘餘的塑膠顆粒，再組成新的塑膠容器。由此得知，靈魂是會被分解的，但不會主動的分裂，死亡分解再造重組就是靈魂的必經之路，當天堂和地獄的靈魂容量空間占滿之後，地球的機制一定會讓在此停留或休息很久的靈魂進入到下一階段。死亡之後靈魂會被接引或是迷失在生前的空間，光的指引會幫助死後的靈魂切割生前所發生所有的一切，所有生前的經歷已經被分解了一部分，但即使被分解後，仍然會保留生前的某一部分記憶，不會是全部記憶，靈魂也會吸收其他的元素，被地球重組成新的靈魂形態。這種對待天堂和地獄的不同態度，反映了人們對於生存環境和死亡的恐懼的不同看法。對於天堂，人們希望能夠逃離地球上的苦難和煩惱，尋找到永恆的平靜和安寧；而對於地獄，

則是一種對罪惡後果的警醒和恐懼，提醒人們遠離邪惡行為，追求善良和公義。

隨著我們挑戰極限，地球人和外星人之間的觀點不斷演變。好萊塢電影和科幻文學曾經塑造了一個觀念：外星人就像怪物般與人類極為不同，常常被描繪成怪物般的存在。然而，最新研究顯示，我們與外星鄰居可能有更多共通之處，這一發現顛覆了最初的想法。

外星的靈魂是一種堅毅不屈的存在，可以不斷重生再造，堅持同一整體目標不斷前進，他們不受自然規律的約束，能夠超脫物質世界的束縛，達到一種與生俱來的超凡境界。而人類的靈魂卻總陷入重複的模式，重複的劇情在不同的累世演繹過無數次，卻一直沒辦法從這樣的劇情跳脫出來，陷入了重複的模式中。如果能做到情緒盡量保持穩定、每天不停刷新自己的情緒，情緒不會過高也不會過低，才能保證靈魂不會原地踏步，困在重複的困境。外星的靈魂猶如璀璨的星辰，閃耀著無盡的光芒，引領著人類向著未知的領域探索。他們的存在超越了時間與空間的限制，讓人類向著無盡的宇宙深處前行，超越了一切枷鎖，

實現了真正的自由。

透過預測外星人的經歷，我們可以了解到地球上物種複雜性的產生方式，這也反映了地球上生物進化的一種趨勢。我們可以說，進化具有一定程度的可預測性，這有助於增進外星人與地球人之間更具連結性，並促進人類的改變和進步。

然而，在外星的靈魂的啟發下，人類也許可以超越物質世界的束縛，找到自己內在的力量，實現真正的自我。讓我們一同朝著這個美好的未來前進，超越循環，超越自然，實現靈魂的昇華，讓人類的生命之舞更加璀璨輝煌。

真實案例 THE CASE

最後的審判與地獄

當Johnny的母親初次來找我們的時候，她心急如焚地告訴我們，說自己的兒子正在急診室，已經進

入昏迷狀態，醫生宣告十分不樂觀，急診室的氣氛變得緊張。他們認為Johnny就在這幾天會離開。在這種絕望無助的情況下，求助無門的狀況下，Johnny的姊姊前來尋求我們的幫助。

在搜尋Johnny的靈魂時，突然間一股強大的力量將我直接拉入幽冥界的閻羅殿，這個靈異的空間是如此特殊，普通人根本無法進入。我看到了在閻羅殿的最前方坐著莊嚴肅穆的閻羅王，左右兩邊則是站著兩尊看似兩層樓高的護法神，Johnny的靈魂此刻站在正中間等待審判，而閻羅王手中就是拿著Johnny的生死簿，正在對他進行審判。

Johnny 年僅26歲，為何如此年輕就遇到閻王審判呢？倒推一個月前，因為一場疫情而染上新冠肺炎，導致Johnny送進了醫院，最初的症狀只是輕微的頭痛，但隨後病情惡化，他陷入了重度昏迷，最終導致全身器官衰竭。大家都不解，年輕的他怎麼會如此嚴重。然而，在閻王的審判中，答案一一揭曉。原

來，Johnny的個性年輕氣盛，抽菸喝酒，脾氣暴躁，但影響最深的是來自於他對家族的不滿和不順遂。他甚至在祖先牌位前辱罵祖宗，這場病的最大因素就是得罪了自己的祖先。此外，Johnny的個性也導致他得罪了不少人，自己卻毫不知情，對周圍的生活不滿意，這也是導致了他如此年輕就遭遇這一場災難的結果。

靈魂在死後會進入一種回顧一生狀態的階段，類似回顧今世所帶來的獎賞或報應。這也可以看作是宇宙對善良與惡行的審判，人性的善惡對因果迴圈有著深遠的影響，我們的行為會影響我們未來的命運。對於那些在生命中否認神或真理而死去的人，他們拒絕真理可能意謂著面對永恆的判決。今天，很多人可能不願意考慮這種最終的命運，因為死亡和永恆似乎與他們的生活遙遠無關。然而，若我們認真思考永恆、天堂和地獄，這可能會影響我們當下的生活方式。

佛陀涅槃死亡後的故事與意義

　　涅槃並非死亡、消滅或虛無，而是一種超越物質世界的境界，是心靈的解放和昇華。涅槃代表著靈魂的覺醒和自我實現，是對生命真諦的領悟和超越。在涅槃中，個體意識融入了宇宙的無限智慧之中，達到了心靈與宇宙的和諧統一。

　　涅槃的真義在於實現內在的平靜與智慧，超越對外在世界的執著和束縛，達到心靈的解脫和自由。透過修行和覺醒，我們可以開啟內在的智慧之眼，洞悉生命的本質，實現心靈的昇華。因此，涅槃是一種心靈的境界，是對生命的理解和體悟，是實現內在和諧和平靜的最高境界。

　　「涅槃」是探索生命真理的道路所希求的一個美好圓

滿的境界，是人生理想的歸宿。但是由於一般人不了解涅槃的意義，而對涅槃產生種種誤解。例如，在人生旅途中，我們常常聽到關於涅槃的談論，但我們卻常常將其與死亡混淆。

我們常看到輓聯上寫著「得大涅槃」，或者聽人家說：「氣得一佛出世，二佛涅槃。」把涅槃當作是死亡的意思。然而，涅槃並非終結，而是一種超脫境界，一種心靈的昇華。當釋迦牟尼佛在菩提樹下，證悟宇宙人生真理時，這正是涅槃，他超越了自我的對立，超越時空的束縛，證悟生命永恆無限的真諦。為什麼要追尋涅槃呢？因為人生匆匆，白雲蒼狗，時間、生命和世間萬物是短暫的且變幻莫測的。面對這有限的生命，我們渴望超越死亡和無常的恐懼，渴望將生命延伸至一切的時空。在涅槃的境界裡，我們不再受到物質界的束縛，我們的心靈變得廣大無邊，我們與一切物質相應，無須嫉妒與計較，更沒有憤怒和仇恨的存在。因此，涅槃不僅是對死亡的超越，更是對自我的覺醒和昇華。在涅槃的境界中，我們找到了清淨的本性，發現了真實的自我。讓我們以開放的心態，呼喚

內在的智慧，追尋涅槃的光明境界，實現心靈的自由和解脫。用最簡單的方式解釋是：涅槃是人類思想最深究的探討、是最真實，最有價值的人生、是人生最究竟的歸宿、是快樂之境、幸福之地、是宇宙之源、萬物之本、最美滿的境界。社會上有一種先入為主的觀念，以為身心靈的提升就應該離群索居，遺世獨立，不管家庭、社會、國家，這種想法與宇宙隨機應化的精神是大相違背的。

佛陀證悟後，並未沉浸於涅槃境界中，他漫步於恆河兩岸，踏著滾滾黃沙，走進眾生的生活裡，用他的智慧和慈悲滋潤眾生的心靈。他的行動啟發了今日的佛教徒，我們也應該效法以他為榜樣，走出山林，投入社會，隨機應化，回饋眾生，將慈悲和智慧帶給世間。

涅槃之後的生活，就像儒家所說「任重道遠，死而後已」，我們需要肩負起重任，不斷地努力奮鬥。也是地藏王菩薩「地獄不空，誓不成佛」的大悲心所體現。我們必須深刻地體會生命的價值，思考自我存在的意義，並以慈悲和智慧來回應這個世界。涅槃雖然不能經由現實世界的觀看聆聽思考而獲得，但是我們也無法否認它的存在。

譬如我們看不見微塵細菌，但是不能否定虛空中到處充塞著微塵細菌的事實。我們雖然無法體證涅槃，可是從一些已經證得涅槃境界的高我提示中，可以確信涅槃是真實存在的。好比我們身體完好、四肢健全，但是當我們見到有人手腳被切除，痛苦得一聲聲淒慘哀號呻吟不絕時，便感同身受，覺得痛苦無比。因此，我們應該以自然生命的觀照，不斷地思索和探索，尋找自我存在的真諦，並以行動來實踐我們的理想和信念。這樣的生活方式不僅能夠讓我們自我成長，也能夠為社會帶來更多的祥和與幸福。

指導靈的力量

　　每個人都擁有一種非凡的內在力量：在正確的引導下，我們能夠激發宇宙正能量，克服前進道路上的一切障礙。指導靈無所不在，祂們超越時間和空間，可以同時與每個召喚祂們的人在一起，祂們只是在等待機會來幫助人們。祂們不關心你屬於哪個宗教團體：祂們是純粹的光之存在，幫助人類引導宇宙的能量。無論你信仰什麼宗教，祂們都會在這裡幫助你。然而，每個人的接收感應力不同，指導靈也會因人而異，給予最適合的建議和忠告。當你連結上指導靈時，你將被引導打開你的心，改變你的內在視角，感受、體驗、看到並知道你就在指導靈的面前。祂們是充滿愛心，有力地幫助你調整到現在可供你使用的愛、智慧和令人振奮的頻率。

指導靈就像是我們的守護天使一樣，從一開始就陪伴著你。祂們也會很榮幸，能夠在你的人生旅程中為你提供支持。請讓指導靈更融入你的生活，無論是順境還是逆境，以便祂們能夠為你提供更好的支持。但要記住，自由意志法則：因此，只有當你真誠提出請求，或你在地球上的時間結束之前，處於生命危險的情況下，祂們才可以幫助你。請與你的指導靈分享你的痛苦和喜悅，讓祂們像是良師益友一樣支持你；因為這就是祂們所希望的，甚至更多。為你創造更輕鬆的生活，對祂們來說是莫大的榮耀。接受祂們的幫助，你也會越來越享受你的生活，減少不必要的彎路和挫折。

你知道每個人都有一個呼喚指導靈的能力嗎？透過了解指導靈的力量，並學習如何引導他們的光，你可以清晰地掌控自己的生活。跟隨以下循序漸進的學習指南將幫助你了解你的指導靈、建立與祂之間的強大聯繫，讓你更了解「指導靈那令人敬畏的力量」以及如何隨時隨地彰顯祂的榮耀和存在。指導靈擁有的能量，與你的心靈緊密相連，幫助你擺脫不順的生活，吸引更多的好運。

水晶：運用水晶石與指導靈連結、增強能量。

創造一個指導靈盒子：將你想要實現的願望放入你的指導靈盒子中。

它可以是一個現成的盒子，也可以是一個鞋盒，你可以在上面畫上並貼上你想呼喚的指導靈的圖片。將完成的指導靈盒子放在適當的地方（例如，如果你有祭壇的話，放在你的祭壇上）。每當你想要顯化某件事時（最有力的時刻是新月），請將其寫在一張紙上。然後把這張紙放進盒子裡，放進你的願望和心情一同珍藏，就像它是一個氣球一樣！只有當你不執著於自己的願望時，才不會陷入懷疑和恐懼之中，那會破壞你的願望實現的可能性。

寫一封信給你的指導靈：請記住首先為自己創造一個神聖的空間。

在這種情況下，你不會將這封信寫在日記中，而是

寫在零散的紙上，以便隨後可以將它們放入盒中。你可以隨心所欲地發揮創意，使用精美的文具以及彩色鋼筆或蠟筆。指導靈喜歡色彩！現在寫信給你的守護指導靈，告訴祂們你想與祂們更加熟悉，並告訴祂們你的目標，你希望祂們幫助在接下來的28天內實現這些目標。請描述你特別需要祂們支持的地方，這樣你就不會內耗自己。你可以確信，雙方都會盡一切努力讓祂在轉變的過程中盡可能愉快。告訴祂們對你來說重要的一切。當你寫完後，把你的信放進你美妙的指導靈盒子裡，寄予期待指導靈接收你的信，並幫助你完成夢想。

靈魂肯定語：首先，請你的指導靈將你包圍在祂們的白光中，用祂們的光芒照亮你的道路。

深呼一口氣，然後大聲說：每時每刻，你會被守護指導靈包圍著，祂們像是你的盾牌，守護著你，保護你免受外界的負面影響，充滿力量和勇氣，去追尋夢想，幫助你實現人生目標。每一刻，你總是被愛著並被完全接受，祂

們的支持，你不再害怕孤獨，因為你從來都不孤單，充滿信心。（每日重複、直到你真正相信肯定你自己。）

這股力量讓我堅信，我能夠克服一切障礙，實現我心中的願望。每天重複這段話，我將更加堅定地走向成功的道路，成就我想要的一切。

真實案例 THE CASE

内心的恐懼呐喊

大約在8、9年前，我遇到的客戶叫Jim。Jim是一位即將要移民到紐西蘭的中國華人。他來找我，想要知道為什麼他的身體總是很沉重，儘管他經常跑步、去健身房鍛鍊、並控制飲食，他的體重也一直都減不下來。更令他困擾的是，這種沉重感也會讓心情很低落、沒有活力。此外，他即將面臨一個巨大的挑戰，是他即將移民到紐西蘭，他不知道在紐西蘭的新生活

要如何去面對,移民所造成的未知狀況對於他來說是一個很大的恐懼,他想要詢問恐懼的來源是什麼?

　　他在諮詢過程中提到,他每次睡前都會看到一位金黃頭髮的優雅女神。奇特的是,每當這位女神來到,他都會很快地入睡,而在這位女神進入他的潛意識之前,他是有睡眠焦慮的,每天需要服用兩粒安眠藥才能安然入睡。他說希望透過阿卡西紀錄的資料查詢,我們或許能夠找到這位神祇的來源,並理解她出現的意義。

　　我在諮詢時透過他的講述,我也同步看到了一位散發出紫色光芒的女神,當我看到時,我也請Jim一起閉上眼睛感受這位女神,是否就是他睡前看到的那位?

　　當他閉上眼睛時,他驚呼一聲,這是他第一次在非睡前的時間看到女神,也就是他每次睡前都會看到的同一位,透過我的連結,在自願的情況下幫助自己連結到,他感到非常驚訝,感動得一直流眼淚。在

接下來的諮詢中，我請他持續閉上眼睛，因為女神傳遞給我的訊息是她將要幫助 Jim，她將傳送一道溫暖的能量告訴他不用感到害怕，到了紐西蘭一切都會有女神的陪伴讓他安心，女神傳遞完能量後，他馬上就感受到一股紫色的強烈光芒進入到他的心輪，對他的身心產生了很大的衝擊感，但這股衝擊感不僅不會感到壓迫，反而會感到輕鬆且安心。這時，他知道了女神要告訴他，他並不孤單，不必對未來的一切感到焦慮，他的體重也是因為他的焦慮而造成的，這位女神也是他生命中前來引導他的一位指導靈，女神一直想要告訴 Jim，她就在 Jim 的身邊，但因為 Jim 的身體實在太過沉重，導致他把感覺都放在了身體上，而忘記了他的潛意識是很有力量的，女神在諮詢現場幫助他的身體放鬆，也想讓他的靈魂知道他是可以放鬆的，唯有放過自己，才能讓靈魂的重量減輕。透過指導靈的幫助，Jim 找到了問題的根源，並消除了負能量。

在諮詢結束後，Jim 告訴我他的身體輕了許多，他意識到女神提醒他的重要性，他的靈魂其實早就知道焦慮對自己造成很大的影響，靈魂想要告訴他的身體發生了什麼問題，但他的身體本能尚未反應過來，他的潛意識已經在告訴他要去注意焦慮這個議題，他卻太過於苦惱於自己的現實生活壓力，忘卻了他的指導靈——女神，一直都在他的周圍想要告訴他訊息。在三個月後，Jim 告訴我們，他尊重女神的訊息，也尊重自己靈魂的指引，他的體重不僅減輕了 10 公斤，連去了紐西蘭之後他還組成了美滿的家庭，他的人生完全不同於以往，這是女神的開導和幫助使他有了正向思考，生命有了巨大的進步與改變。

chapter

0 3

靈魂的誕辰：
先天選擇與後天培養

異能種族佇立於地球之上

蜥蜴人的隱藏之謎

地球蘊藏豐富的資源，擁有多樣化的植物和動物。這些生物具有靈性，它們具有向光性，以陽光為養分。地球擁有多元的生態環境，包括天空、陸地、海洋、空氣、陽光、水等。

地球更蘊含不同於外星的多元素，這些元素賦予了地球特有的靈性意義。地球的景象吸引了不同的外星人種族和生物，他們來到這裡帶著各自的使命和任務，來到地球達成一些目的。這些外星生物就像隕石和彗星般進入地球，他們來到地球為了尋找答案，發展自我，或者探索新的文化與經驗，地球成為了他們磨練與成長的場所。很多

外星人在地球演化成了地球最起初的原始人，儘管他們想要回到原本的星球，但地球重力阻礙了他們的回程。因此，他們不得不在這個新的環境中建立起自己的家園，努力適應地球的生活方式和環境。

他們的磨練方法類似人類使用的閉關和武術訓練，他們磨練的目標是個體的提升，而非牽涉整個星球的使命。他們專注於內心世界的探索，通常居住在深山洞穴裡，外表與地球人無異，但其內心靈魂卻是外星意識的精神體。他們從不經歷地球的輪迴轉世，而是生活在地球地底的各個地方，想要與地球的能量融為一體。他們的存在偶然被現代人類觀察發現，我們稱之為「蜥蜴人」或「地底人」，也稱為「尼古人」，蜥蜴人的祕密由此展開。

蜥蜴人的存在引發了許多爭議，有些人認為蜥蜴人是可怕的，為何蜥蜴人會生活在地底而不是像人類生活在地面？他們對地球人是否會有威脅？這可能是因為他們與人類在生活方式和生存環境上存在著根本性的分歧，也可能是出於他們對地球能量的特殊需求和尋求。我們對他們的了解還有待深入，以確定他們對地球人是否構成威脅。

蜥蜴人的外貌與蜥蜴相似，身軀如鱷魚、長有尾巴、皮膚呈綠色，外貌特徵瞳孔呈現橢尖型、壽命相對較長，腮幫子較大而圓。他們飼養的龍族也與他們形影不離，儘管這些地底的龍族不具有飛行能力，只能奔跑行走，他們是不死之身。即使身體受到傷害，也會如同蜥蜴斷尾蛻皮，幫助身體重建生物機能。繁衍後代的方式只需分裂自身就可延續生命，蜥蜴人的靈魂目的始終只有一個，靈魂意識不斷分身，既能分裂也能合併，以此來獲取散落在地球各處不同的靈魂分身資訊。蜥蜴人的意識來自於包含蜥蜴、龍族、鱷魚許多爬行類的外星種族。儘管因為他們的特殊樣貌被人類視為動物般的存在，但是他們也是外星種族的其中之一。地球的頻率相對於宇宙較為落後，使得他們就像一群世外隔絕的族群。他們來到地球是因為地球的頻率不會有太大波動，且他們無需攝取食物，僅憑陽光、地熱、空氣中的塵蟎就能生存。他們最強的能力是複製和偽裝，複製與自己身體完全一模一樣的外表，但每個複製體的個性都不一樣，不是簡單的克隆體[1]，複製的目的是不同的複製體可以去地球的各個國家地區吸取不同的境遇。

很多偉人都是由蜥蜴人偽裝，變色龍會隨著環境偽裝自己的外貌，他們擁有特殊能力，讓人無法辨別。蜥蜴人也能偽裝成人類，只要透過眼睛觀察人類身體就能偽裝成人類。科學偽裝是他們的強項，他們的外表與人類無異，不僅可以偽裝成生物，可以偽裝成人類製造的工具物品或是自然環境。他們以類似掃描儀器的方式來獲取人類的知識和智慧，簡單而迅速。有些人真的看到過蜥蜴人，且他們的鱗片會反光，使得他們暴露在觀察者的眼中。

　　低等的蜥蜴人因為偽裝成國家元首、電影明星、富豪、運動員等世界名人而被發現，背後目的令人震驚。低等的蜥蜴人還是想要掌控地球，低等蜥蜴人會和人類結婚，雖然會模仿人類表達愛意、投入愛河、作出微笑的面部表情，內心深處的用意卻只是模仿，不是發自自己自身的情感。相比之下，最高等的蜥蜴人不會暴露自己，蜥蜴人對於人類沒有任何惡意，認為人類也是他們種族世界的

1　克隆一個生物體意謂著創造一個與原先的生物體具有完全一樣的遺傳資訊的新生物體。

一部分，蜥蜴人與蜥蜴人之間沒有太多的喜怒哀樂的感情傳達，即使經歷了死亡，感情起伏也不會很大。蜥蜴人一直都是全球人類討論的焦點之一，許多人類深信地球還有大量未知生物等待被發現，而蜥蜴人雖然被認定存在世界上，但卻未被官方認證。這種認知加劇了人類對於未知的恐懼，許多人害怕蜥蜴人的存在可能暗示著地球上更大的隱藏威脅。蜥蜴人的神祕身分和能力也讓人類感到不安，他們的偽裝能力和潛伏性質使得人類難以識破其真實身分，這加深了對他們的恐懼和懷疑。因此，蜥蜴人的存在一直是人類心中的一個疑問和恐懼之源。

早在遠古時期已經有該物種存在，曾有不少目擊者見過蜥蜴人出沒，這種物種的智慧比人類高幾級。這些古老的紀錄引發了人類對於蜥蜴人的好奇，許多文化中都有著關於這些神祕生物的傳說和故事。隨著時間的推移，蜥蜴人成為了人類心中的一個謎團，他們的存在引發了無數的猜測和探究。美國南卡羅來納州（State of South Carolina）就發生第一宗的蜥蜴人目擊事件，當時一名少年在駕車駛經沼澤區時，突然發現了一個怪異生物。該目擊者描述

該生物高度約2米，全身布滿綠色鱗片，而手腳均為三指狀。他看到的這個生物使他感到極度恐懼，趕緊將其長相紀錄下來以便報警。之後該生物向事主施襲，幸好少年逃出他的守獵範圍。之後，當地的居民都先後多次目擊到蜥蝪人的出沒，情況越來越嚴重，當地的電台懸賞100萬美金去獎勵能夠活捉該生物之人。然而，即使有這樣的激勵，蜥蝪人依然未能被捕獲。直到2017年，當地政府更新公告，要市民注意來自蜥蝪人的攻擊，如果發現的話就需要立即上報，這一政策彰顯了政府對於保護居民安全和解決當地怪異生物問題的決心。蜥蝪人以獨立個體形式生活在地球上，對人類的活動和社會結構漠不關心。蜥蝪人與地球人無法用相同的語言進行溝通，他們與人類的互動就是把人類當做寵物一般，並不會想要主動去了解人類的思考想法。蜥蝪人對於地球的想法是固定的，他們居住的地底環境經過人類的挖掘影響，導致地表的深度越來越靠近地心，稍微威脅到了蜥蝪人的生活空間。蜥蝪人可以站立或爬行在陸地上，偶爾出現在地底的水管和地下隧道。地球是不同的外星意識的聚集地，地球多元，包容著不同的

外星種族。蜥蜴人的生活方式與地球人有著顯著的差異，他們依賴地底的環境和資源，遠離地表的繁華都市，過著與地球人迥異的生活。

最初，蜥蜴人在南極被發現，他們是最早來到地球的外星種族之一。他們生活在約地底下幾萬米，遠離太陽光的世界，蜥蜴人所在的地底世界卻是無比光亮。為了躲藏不被發現，他們選擇了這個與他們星球環境接近的地方。他們主要生活在地球的北方，包含俄羅斯、美國、加拿大、挪威、冰島、北極等國家地區的附近。他們來自於名為「天雄星」的外星星球，由於天雄星的食物資源不如地球豐富，再加上蜥蜴人種族人口數量龐大，他們被迫前往地球和其他星球尋找適合的居住地方。在尋找的過程中，他們使用自己的身體觀察這些星球的外觀是否符合蜥蜴人生存需求，如果沒有達到需求就會繼續尋找下一個可能的居住地，就像我們人類尋找家園一樣，需要考慮居住習慣和生存條件。

讓我來說明蜥蜴人與人類在地球上的相互作用和共存歷史，蜥蜴人停留在地球的時間已長達億萬年，其實人類

才是地球的「外來者」，在上古時期蜥蜴人曾經與人類共處過，他們曾經有過合作和互助的關係，並稱兄道弟，蜥蜴人充當人類的坐騎，幫助人類獲取食物，這呈現了一種神祕而奇特的共存關係。如果是 10 米高的大樹富有很多食物資源，蜥蜴人就會讓人類乘坐攀登大樹。在封建帝王時代，蜥蜴人曾經據守在人類的宮殿旁守護帝王的安全，他們始終相信能與人類共好，在共好時期，蜥蜴人也一直生活在地面之上。再者，人類和蜥蜴人在歷史上也有衝突產生，人類與蜥蜴人發生大戰，導致蜥蜴人因此身心受挫，人類使用鋒利的武器向蜥蜴人進攻撻伐，人類天性狡詐多變，一直想從蜥蜴人身上不斷獲取新的寶藏或利用蜥蜴人，人類的貪婪之心因此被喚起，蜥蜴人也不斷地退避躲在地面之下。這顯現出了人類與其他物種之間的衝突和權力鬥爭的同時，也呈現了人類貪婪的一面，以及對於其他生物的利用和剝削。

考古學家的假設可能是建立在對古代遺跡和文獻的研究基礎上，蜥蜴人的存在可以推測他們可能已在數千年前便來到地球並定居。有大量的科學證據來支持和驗證，在

一些古代的高科技文明發展中，人們常以「爬行類動物」作為信奉的神明，這一點在蘇美文明，以及埃及文明以及馬雅文明等中都能看見，例如在蘇美文明中有生育母神的崇拜，埃及文明中的法老和馬雅文明中也能看到以爬行類動物為主題的藝術和建築。這些古文明的高科技發展往往被認為是超越當時時代的，一些學者認為蜥蜴人可能在這些文明的興起中扮演了一個重要角色，並且擁有著高度的智慧和技術。蜥蜴人據說使用一種非地球物質的特殊金屬，類似於人類使用的鈦金屬和釩金屬，來建造出地底世界。特殊金屬由蜥蜴人原本的星球帶來地球使用，地球並沒有他們所使用的金屬，這些金屬會自動的組裝拼接，不用像人類使用各式工具敲打焊接，特殊金屬擁有伸縮變形的功能，使得蜥蜴人的世界很像地底版的亞特蘭提斯[2]，使用飛行器、懸浮列車為地底世界的交通工具，科技水平和種族智慧遠超於地球人。

2　亞特蘭提斯島（古希臘語：Ἀτλαντὶς νῆσος）是公元前4世紀中葉由古希臘哲學家柏拉圖提出的神話島國。

如果這些說法屬實，蜥蜴人所生活的地底世界樣貌與地球人所生活的地表世界完全是兩個不同的世界，並顯示出地底世界遠比地表世界更豐富，因為他們的科技水平和智慧方面遠超過地球人。

深海之底的魚人神祕

不僅陸地，海底也有不同的外星物種，取名為「魚人」和「人魚」，或「多蘭特人」，他們的外觀特徵手部像魚類，雙腳與人類腳部相同，頭上有魚鰭，鼻子扁圓，用鼻子呼吸。這些生物的描述類似於傳說中的人魚或是一些外星生物的形象。魚人生活在海底幾萬米，並遍布全世界各地。有些深海魚類也被描述是魚人所偽裝，但與「蜥蜴人」不同的是，蜥蜴人能夠偽裝所有的物種，而魚人卻只能偽裝成海洋生物。

他們並非來自外星，而是由地球的魚類所進化，有些魚類想要進化成人類，卻因為沒有進化完成而變成特殊物種——魚人，他們的智慧低於蜥蜴人、高於地球人，多蘭

特人的外貌酷似電影《阿凡達：水之道》中的海洋部落礁石族人造型，也很像中國古代傳說的「鮫人」，魚人與亞特蘭提斯的人造型不同，亞特蘭提斯人能夠穿梭於陸地和海洋之間，但魚人卻無法在陸地上長期生活。多蘭特人具有一項特殊能力，是很容易把營養保留在自己的身體內，海洋生物蘊含的營養比陸地生物的營養更多元豐富，許多遠古物種的魚類漸漸消失，海洋生物學家判斷是瀕危滅絕造成的，但這些遠古物種的魚類不是消失而是進化成了魚人，只是不再出現在人類的視野中，因此被人類判斷為滅絕。人類的進化相對緩慢，因為太過依賴於科技所製造出的工具，很少使用自己的天賦本能，魚人和蜥蜴人都使用自己的身體本能感官，進化速度和智慧文明程度才會遠超於人類。海洋又是人類未知的另一個領域，與地底世界的構造截然不同。地球彷彿一個圓餅，被許多未知種族占據，而無盡的海洋則是其中一部分，蘊藏著更多的奧祕與生物等待被發現。

　　魚人依賴海洋生存，然而人類對於海洋的污染也會對魚人所在的世界構成威脅。海浪的一部分原因可能來自於

魚人在深海活動而引起，但他們無法與人類語言溝通，並且保持與人類的距離，希望遠離人類。相反，「人魚」則是源於人類對海洋生活的渴望而進化。人魚外貌類似美人魚，但與魚人不同，他們的食物來源主要是魚類。除了外貌和飲食習慣外，人魚與人類之間還存在著更多的差異。世界各地都流傳著人魚的傳說，一般描述人魚的樣貌是上半身或頭部為人，而下半身是魚尾。相比魚人，人魚在陸地停留的時間更長。然而，人類對海洋的破壞卻影響了人魚的生存環境。海洋被人類大量的垃圾污染，這不僅對人魚的生活造成困擾，同時也影響到了魚人的生存。垃圾的積聚阻礙了他們在海洋中自由游動，導致他們無法在海面上停留太久。

傳說中的人魚和海妖賽蓮在歐洲傳說和希臘神話中以令人驚嘆的形象存在著，常被描述為擁有美麗的外貌和迷人的歌聲，能夠迷惑船夫並引誘他們走向海底。然而，現實世界中，美國國家海洋局已經明確指出，沒有證據表明存在水生類人的動物。這種傳說與現實之間的差距凸顯了人類對於神祕和未知的永恆追求，以及對大自然力量的想

像和敬畏。儘管科學技術的發展使我們對自然世界有了更深入的了解，但人們對於神話和傳說的愛和好奇心仍然永不減退。

　　中國古代書籍中對人魚的描述豐富多彩，其中一些歷史記載與現實相符，令人深信不疑。例如，《史記》中對秦始皇使用人魚脂肪作蠟燭燃燒的描述，能持久不會熄滅，反映了古代人們對人魚存在的信仰和對其身體部分的利用，這與當時的社會背景和人們的觀念相符合。再者，《山海經‧海內南經》中描述的人魚在特定地點生活，與歷史地理資料相符，在鬱水就是現今的廣東西江，以及朱崖就是現今的海南省海口市海島的人，在全身以及臉上有刺青，外表人頭魚身，也傳到了日本，成為人魚最原始的形象。還有東漢《異物志》也有對人魚外形的記載，比如像人一樣高約一尺多，他們的皮膚銳利能割木材，用脖子上的氣孔呼吸。

　　另外，《太平廣記》是中國古代的百科全書式文學作品，書中記載東海有海人魚，長度大約五六尺，外形像是美麗的女子，沒有腳，皮膚潔白如玉，個性溫和。最後，

清代文學家蒲松齡的《聊齋志異》中也有不少與人魚相關的故事，《鳳求凰》就是講述了漁民捕獲了一個人魚，並最終被釋放的故事，其中包含了人魚與人類之間的情感糾葛。還有如《綠牛》、《魚人》等一些，這些故事都反映了蒲松齡對於人魚傳說的創作和想像。

然而，日本的文學作品《古今奇談莠句冊》和《六物新志》，提到的許多奇幻元素和神怪故事，包括一些關於人魚，受到了中國古代奇聞異事文學作品的啟發和影響。所以現代作家也喜歡創作關於人魚的文學作品，例如日本作家太宰治的《太宰治全集》中的《人魚》，是描述一個人魚與人類之間的愛情故事。日本作家村上春樹的《人魚》，講述了一個男人與一隻受傷的人魚之間的交流和情感故事。日本作家池井戶潤的《海獸之子》，是一個人魚的神祕故事，關於人魚與人類之間的羈絆和情感糾葛。

天空使者天翼族

在天空的某些區域，存在一種被我們稱為「天翼族」

的外星物種，也可簡稱為「亞菲特斯人」。他們都擁有華麗而堅硬的羽翼，不僅具備極強的飛行能力，並且能夠切割任何物品，擁有如同蝙蝠超音波穿透牆體的超強聽力，他們外貌類似於鳥類，頭部一樣是鳥類，眼睛確保留了人類的瞳孔，使得他們的眼神更顯人性。同時，他們的腳部則呈現出鳥類的特徵，擁有著銳利的爪子。值得注意的是，他們的繁衍方式與家禽類相同，以孵蛋延續後代，但他們一顆蛋的數量與鳥類不同，一顆蛋能夠孵化數十隻的天翼族幼體，這種獨特的繁衍方式也是他們與其他物種不同的地方之一。

亞菲特斯人偶爾會與一般的鳥群飛行，俯瞰著人類的世界。他們居住在天空上方幾萬米高空的鳥巢，但與一般鳥類的鳥巢不同，他們的建築外觀如宮殿一般，神似伊斯蘭教風格的建築，建築重量輕如鴻毛，不會輕易墜落，所以不會害怕建築會掉落到地面被人類發現。他們的建築工藝更為進步，既輕盈又堅固，展現出了他們的高超科技與文明水準。食物來源是高空中的蟲類，高空中的蟲類大小幾乎與飛機一樣，蟲類由高空中的灰塵生成，高空中所有

生物的糞便在高空都會自動瓦解，所以他們的蹤跡不會被人類發現，他們不必擔心垃圾的問題，所有使用過的物品都會在高空中銷毀。

他們屬於不想要落地的外星人，與蜥蜴人和魚人不同的地方是，他們真正來自外星！鳥人來到地球的目的是不願沾到地面上的灰塵，因此選擇在高空中建造雲上殿堂。起初，他們以為地球與外星一樣，都是浮空的，沒有任何的重力，不需雙腳行走在地面。為了浮空，就模仿地球的鳥類長出了翅膀，與原本在外星的身體構造完全不同。無法離開地球的原因是，仍想在地球觀察地球生態，想飛離地球卻又不能離地球太遠。他們雖然可以將翅膀收縮變成人類，但願意變化的亞菲特斯人寥寥無幾，因為他們對自己的身分和形態有著強烈的認同感。由於他們不願同化於地球文明，他們保持著與地球人的距離，他們的身體大小比一般的民用飛機還巨大，展現出了他們的強大和與眾不同。

《山海經》中也有提到「鳥人國」及埃及神話中的「智慧之神──托特」、道教中掌控雷電天氣的「雷公」，

東方神佛所乘坐的仙鶴、白鳥、鳳凰都與鳥人的樣貌極為相似，嘴部尖銳，即使死亡轉世後，五臟六腑依然是鳥人的構造。不同種族的靈魂去處與人類靈魂的去處都不盡相同。現今祭拜天空神明的廟宇數量稀少，原因是鳥人很少出現在古人和現代人的視野範圍。所以，人類很難找到鳥人的形象刻畫流傳。鳥人不會主動攻擊人類，但也不主動與人類接觸，他們的世界與地面世界相比別有洞天。儘管人類很少直接見到鳥人，但對他們的信仰依然深厚，他們被視為天空的守護者和神祕的使者，代表著高潔和自由的精神。即使寺廟供奉天空神明的行為減少，但對鳥人的信仰和敬畏卻依然根深蒂固，體現了人類對未知世界的探索和信念的追求。

如果針對以上三個種族：蜥蜴人（尼古人）、魚人（多蘭特人）、鳥人（亞菲特斯人）的概念仍有許多陌生，可以參考北歐神話中的世界之樹傳說，世界之樹將地球分成不同層次的世界區域。世界之樹又稱為「宇宙樹」、「乾坤樹」，即便在北歐神話裡的末日論，諸神並非永生不死，他們知道世界的終結將會到來，末日將會引發一場巨

人與諸神的最終戰鬥，並且他們自己也會在末日中隕落，且最終一場大火燃燒毀掉9個國度作為落幕。超自然原始信仰中的薩滿教（Shamanism）對北歐神話的宇宙起源形象產生影響。自古以來，部落和族群一直信奉薩滿，習以為常。在此不是指真實存在的古地圖，而是一種「心靈地圖」，用來反映人們對於宇宙和自然秩序的認知和理解。克羅斯利哈蘭所形容的北歐神話中，世界之樹分成三層相互疊加的樹根結構構成的圖景，每一層樹根都有一處泉水。第一層樹根深入「命運之泉」，第二層樹根深入「智慧之泉」，第三層樹根則是深入「地底之泉」。

這種描述在世界各地的神話中並不罕見，以巨樹或擎天之柱作為世界（宇宙）的中心支柱，例如，印度吠陀和中國宇宙觀裡，也可看見類似神話，描述樹層大致可區分成三層：天堂、地球、地獄，象徵著宇宙的結構和秩序。像是第一層涵蓋了三個國度：阿斯嘉特（Asgard）、華納海姆（Vanaheim）、亞爾夫海姆（Alfheim）。

蜥蜴人、魚人、鳥人與人類分別在地球的不同國度，他們的共同特點就是都能偽裝成人類，人類很難發現。與

上述北歐神話所描述的非常相似，地球上不同層次的種族不會互相干擾和鬥爭，雖然人類都沒發現蜥蜴人、魚人、鳥人的世界，但人類的世界早已被蜥蜴人、魚人和鳥人發現，只是人類尚不自知，蜥蜴人較接近地表，因此他們也可複製人類使用的貨幣和各類工具。獲取金錢的方式非常容易，表面是以公司或企業營利賺取，實際上確是以複雜的方式獲得金錢，這只是蜥蜴人生活在地表世界上其中的手段之一。成功人士因為家庭婚姻問題經常出現在報章新聞版面上，這也是蜥蜴人故意模仿成人類會產生的普遍問題而使用的偽裝而已。地球上的種族組成極為複雜，可分為以下幾種：動物與動物、人類與人類、人類與動物、動物與人類、人類與植物、植物與人類，樹人和精靈也存在於地球中。

靈魂轉世的使命

靈魂出生前的抉擇

靈魂在投生到新的一世時，過程中要經歷競爭和挑戰。每一世有很多目的，很多靈魂在投生前，可能是從前一世經歷的經驗和教訓中汲取，也可能是由於某種宿命或意願而選擇了投生。靈魂奔跑著，想要趕快進入下一世的母親子宮中，毫不猶豫地想要投生。進入到子宮的路徑就像奔跑的賽道，在奔跑的過程中，一部分的靈魂因為體力不支呈現疲憊，就被另外一部分投生的靈魂搶得先機，先進入到投生的子宮中。每次投生到下一世的機會是每個靈魂都想搶先擁有的，每個靈魂都渴望搶先投生，幾千甚至上萬個靈魂都會同時搶占同一個投生的機會。

靈魂在等待投生的過程中，也有對新生命體驗的渴望。他們一直待在同一個地方、重複做著同樣的事也會無聊，靈魂的本質天生就具有好奇和探索的精神、想要嘗試不同的靈魂歷程，每次轉生就是實驗的機會。投生之後的經歷就如同實驗樣品的數據，幫助靈魂不斷地學習和成長。並不是每個靈魂在死亡之後就會馬上轉世，一般的靈魂在進入下一世之前會想要等符合自己設定的家庭和人生經歷，然後再決定轉世的時間。靈魂以抽籤盲選的方式來選擇投生的對象，在這個過程中，他們在決定投生之前可以看到未來的畫面。包括出生前進入母胎、出生後的人生、遇到什麼樣的人和挑戰。以及死亡前的最後一刻，都會播放在宇宙提供的轉生電視螢幕中。靈魂在這些畫面中觀察自己的未來，評估這些經歷是否能夠滿足自己的學習和成長需求，然後再決定是否投生於該家庭和人生。每個靈魂在選擇轉世時，會根據自己的目標和願望，選擇一個最能幫助自己進化和成長的生命旅程。轉世並不僅僅是一次隨機的選擇，而是一個有意識的決定，旨在促進靈魂的進步和發展。

靈魂在這個過程中，不僅考量自己的需求，也會考量與其他靈魂的互動和共同成長的機會。這樣，轉世不僅是個體的成長之路，也是靈魂之間相互影響、共同提升的過程。當靈魂決定好自己的轉世計畫後，便會開始新的生命旅程，繼續在不同的經歷中學習和成長。

　　在準備抽籤前，這些靈魂就會持續觀看著轉世電視，以挑選適合自己的人生劇情，他們會仔細考慮每一個可能的人生劇情。提供抽籤的人是提供宇宙設定的轉生考官，這些考官是更高層級的靈魂，由眾多準備投生的靈魂中自願擔任。

　　他們以盲選的方式選拔靈魂，每位靈魂在考官選拔時會踴躍舉手，希望能被考官挑中。考官會念出不同類型的轉生家庭，例如：音樂家、銀行家、貧困家庭，以及犯下罪行的家庭，這些轉生家庭不論好壞。轉世的過程是一個充滿智慧和深思熟慮的決策過程。靈魂在這個過程中，不斷學習和成長，最終達到更高的靈性層次和意識境界。每一次轉生，都是靈魂進化之旅中的一個重要階段，讓靈魂能夠在宇宙的廣闊舞台上，體驗到生命的豐富多樣性和深

刻意義。

　　投生前的靈魂在選取轉生家庭時，沒有悲歡離合、喜怒哀樂這些複雜的感情，這些畫面可能是幸福美滿的，也可能是充滿挑戰和困難的，這些畫面展示了生命的多樣性，讓靈魂了解每種經歷的不同面向。無論畫面是美好的還是困苦的，靈魂都以平靜的心態去觀察，在他們的眼中轉生電視中播放的下一世轉生過程，只是觀眾在看電影，不會與電影中的主角、配角有任何的感情交流，更不知道主角、配角在演戲的過程中所經歷的辛酸和痛苦是什麼。如何配合導演和劇情腳本是觀眾不會想到的，觀眾只在意電影的劇情是否勁爆精彩，投生前的靈魂就像看戲般看待之後的轉生。轉生電視螢幕中的畫面也會有所更換，類似電影院會上映不同的電影以供觀看。

　　經歷過很多次轉生經歷的靈魂也會呈現蒼老的狀態，但他們依然堅持不懈，渴望再次轉生，靈魂偶爾散發蒼老和低落，並不會讓靈魂毀滅。地球現今的許多破壞也會再次重生，靈魂在宇宙中永生。過去地球的偉人因搶先獲得投生的機會，靈魂的腳步優先於一般靈魂，他們的勤奮造

就了靈魂經歷不同於普通人。

地球上的靈魂整體也受到宇宙機制的密切管理，宇宙機制一直存在，適用於任何事物。宇宙機制本質上是中性的，它的運行不分好壞，取決於我們如何看待和應用宇宙機制的角度是什麼。就好比人類創造和使用金錢，金錢本質是中性的，只因使用的人而賦予了金錢不同的定義，如果使用金錢進行不法的行為或危害他人，那麼這樣的使用方法帶來的是法律的制裁和社會的譴責，宇宙機制會透過各種方式進行調整，確保整體的平衡。反之，如果將金錢用於慈善公益、維護家庭關係、實現自己的夢想，那麼這樣的金錢定義帶來的是和諧溫馨，並促進社會進步，這些善行也會回饋到他們自身，促進他們的成長和進步，靈魂不僅在個體層面上獲得提升，也在整個宇宙層面上貢獻了自己的力量。

在成功投生前的最後一刻，宇宙會給予這些靈魂配備公事包。公事包裡裝載著靈魂投生之後的人格特質，以及未來可能會遇到的問題：身體健康、工作事業、人際關係和婚姻感情。每個靈魂帶的公事包的內容物都不一樣，

裡面項目的比例也有所不同。如果某個靈魂的公事包中，身體健康的格子最大，代表他下一世的課題會以身體健康為主。人格特質將影響靈魂如何面對和處理各種挑戰。擁有強烈同情心的靈魂，可能會選擇從事醫療或社會服務工作，幫助那些需要幫助的人。也會影響靈魂的學習和成長方向。那些具有創造力和好奇心的靈魂，可能會在藝術、科學或其他創新領域取得重大突破。而那些具有領導能力和決策能力的靈魂，則可能在管理和組織中發揮重要作用。認為符合自己投生設定的靈魂，會整裝待發，設定好下一世靈魂從出生到死亡的時間，然後穿著正裝，配備公事包，準備轉世。

靈魂當前的使命

轉生之後的因果關係和靈魂投生前的選擇和業力模組，都會造就靈魂的課題。靈魂投生前的選擇只是影響轉生之後的原因之一，原生家庭只是影響靈魂成長的其中一個因素。投生之後，靈魂最需要去磨練和學習的是如何以

積極的態度面對人生。後天的培養同等重要，靈魂選擇不同的家庭投生，不管是投生到成功人士的家庭、普通人的家庭，還是貧困痛苦的家庭，對於投生前的靈魂都是平等的，例如，投生到富裕家庭的靈魂，可能需要學習如何在物質豐盈的環境中保持謙遜和同情心，而投生到貧困家庭的靈魂，則需要學會在逆境中保持堅韌和希望。

　　不同的原生家庭情況會衍生不同的人生問題，靈魂如何去解決人生問題，才能獲得最有價值的經驗。在人生路途上，厚積而薄發，如何激發你的潛能，由你去改變你周遭的世界，而不是被世界迷失了你的方向。選擇貧窮、富裕、罪惡、歡樂不同的家庭模式，會為靈魂創造出各自的舒適圈。這些舒適圈帶來的體驗包括：成功、喜悅、愉快、痛苦、貧窮、殺戮等。對於宇宙來說，這些經歷的本質都是一樣的定義，因為宇宙始終保持中立。有些靈魂也想要投生成動物或植物，因為非人類的生活比較簡單短暫，可以讓靈魂暫時停滯，不必一直前進。靈魂對於人生的價值觀、時間觀、生死觀的不同看法，會影響他們轉生之後的個性和信念。

好比靈魂對於人生的價值觀，會影響他們如何看待自己和周圍的世界。那些注重物質成功的靈魂，可能會追求名利和財富，並在這過程中學會如何處理壓力和競爭。時間觀也是靈魂信念的一個重要方面。一些靈魂可能會認為生命是短暫的，需要抓緊時間去實現自己的目標和夢想。這樣的靈魂往往積極進取，充滿動力。

深探靈魂生死觀

生死觀對靈魂的影響尤為深遠。那些相信死亡只是另一種存在形式的靈魂，會對生死持有開放和接受的態度。他們不害怕死亡，因為他們知道這只是靈魂旅程的一部分。在人生中碰到的痛苦和病痛，對於即將死亡前的靈魂來說，已經感受不到任何的痛苦，在這一刻，他們沉浸並感到無比的喜悅，他們感受到一股強大的愛和包容，這種感覺來自宇宙本身。長期被病痛和痛苦折磨許久的他們，都變成了成長的階梯，看到了一個更廣闊的視角，早已忘記了當初投生時所帶有的期待。

然而，在死亡前最後一刻，無論這些親人是在世的還是已經逝去的，他們的愛環繞著靈魂，給予無盡的安慰和力量，讓他們再度找回了投生前的目的。不論病痛是否得到治癒，他們的靈魂已感到滿足與成長，最終，靈魂在愛與光的包圍中，達到了一種全然的昇華。在死亡的那一刻，靈魂看到了宇宙的曙光，這是他們所能得到的最偉大的幫助和祝福。在死亡前體會到愛，發現之前身體所經歷過的痛苦再也不重要了，超越自己的靈魂迷途，看到愛與喜悅，超越了生死的體驗，所有的一切悲歡離合，在愛與光中看到了宇宙的曙光，得到了最終的昇華，靈魂在這光中找到了一切問題的答案，感受到深刻的平靜與滿足，並準備好迎接新的轉生或進入更高的靈性層次。

　　當靈魂得到昇華，他們在等待投生的過程更加不會在意下一世的目的是什麼，因他們在前一世臨終時，那一刻獲得了前一世寶貴的靈魂智慧，這些智慧會隨著靈魂的再次轉生而附加在這具靈魂身上，成為這具靈魂所擁有的天賦智慧。靈魂的天賦才能就像玩養成類的遊戲一樣，前一次的遊戲體驗使你獲得了遊戲的天賦，在這場生命的遊戲

中更加暢通無阻。靈魂知道體驗更多的愛和光才是他們需要的，他們逐漸學會如何以愛和光的方式面對世界，這種愛不是盲目的包容，而是深刻的理解和接納，對於死亡的恐懼也會影響下一世投生的目的。

然而，靈魂之愛不是指對任何事物過度包容、慈悲心氾濫，而是對周圍世界發生的一切都能理解其意義，隨著靈魂智慧的增長，他們也能更好地理解他人，並以同理心和愛心去幫助那些還在掙扎中的靈魂。因此，才會衍生出「佛陀看任何人都是佛，世人看佛還是人」的道理。

從宇宙的角度來看，世界上沒有絕對的光明與邪惡，科技的發展和網路的普及對靈魂的成長和體驗有著雙重影響。一方面，科技讓人類有了更多的交流方式和資訊獲取途徑，使得靈魂可以在短時間內接觸到大量的資訊和知識，這有助於靈魂的智慧積累和擴展。但另一方面，網路成為了家家必用的生活工具，與過去人們注重面對面之間的交流時代相比，網路使得人們能真切感受到對方的感情的機會減少。但網路充斥著包裝，導致理性與感性之間的脫離越來越明顯，靈魂也需要警惕科技帶來的誘惑和陷

阱，不要被虛假的資訊和表象所迷惑，保持對真實世界的敏銳感知和深刻理解。所以我們會發現，現在的人越來越彰顯自己的個性。理性的人會更加理性運用思維邏輯，而感性的人也會更加感性注重感受和心情。網路與現實的交流應該互相結合，因為網路的出現讓更多真相更容易浮現在大眾面前。人類使用網路的習慣，就如同投生前的靈魂在看轉生電視，沒有任何的感情。

　　從宇宙的角度來看，靈魂和身體的關係如同導演與演員。靈魂是永恆的，運行在宇宙法則之中，擁有無限的智慧和潛力。身體則是靈魂在物質世界中的載體，承載著靈魂的經驗和學習。身體的角度與靈魂的角度是完全不同的，靈魂依照宇宙法則在運行，而身體則只是被動地跟隨社會趨勢運轉。靈魂沒有身體的限制，能夠看到宇宙法則運行是很正常的流動，可以自由地感知和理解，這種理解是自然的，沒有障礙的。但身體使用網路，卻造成意識過剩，盲目地吸收無關的知識進入到大腦，成為了潛意識的負擔。網路的過度使用也造成了一部分人思想偏離，長期處於虛幻之中，不願面對現實。看待網路就像看待嗎

啡，它能夠應用於醫療手術幫助病患止痛，也能讓癮君子上癮。快速的時代也會讓靈魂與靈魂之間的交流越來越短暫，雖然科技越來越發達，人類的病症也隨之增多。適當使用工具才能幫助人類真正提升，靈魂需要學會如何在資訊洪流中保持平衡，利用科技促進成長而非被其所累。在過去的年代，人們依靠自己的力量努力創造，而現在的時代則充滿更多的挑戰，創造已經不能滿足現代人的需求。

宇宙的選拔機制會有一股推力讓靈魂不斷地投生，最高等的靈魂在經歷許多轉世經驗後會慢慢捨棄感情，逐漸達到一種超脫的境界。捨棄感情並不是冷漠、封閉，而是看待任何的世間萬物都是公平的，每個人都得到他們需要的經歷，如同神佛看到大千世界，看任何事物都有愛，任何痛苦的事件背後都會有光明存在。這也告訴我們要以公平、客觀的態度看待事物，更好地理解和接納自己的人生經歷，也能讓我們在與他人的相處中更加寬容和慈悲，從而實現內心的平靜和幸福。身體和意識的鍛鍊也會影響靈魂的層級，鍛鍊帶來的疲憊之後，會收穫更多的益處。逃避自我鍛鍊不會收穫很多，只會使人與自我漸行漸遠。

大多數的人類始終認為人生疲憊、疲乏，而不想作出更多改變，不想人生有太大的變化，不想人生被打亂，是許多人會產生的人生怪圈，即使這些問題急需改變，許多人仍然不願接受這種變化。我們所遵守的自我規則變成自我限制，一味地放鬆而不進行鍛鍊，會導致靈魂產生惰性，產生拖延症、行動遲緩、肌肉僵硬、新陳代謝過慢等不同的問題。要打破這種惰性，首先需要自我覺察。覺察到自己的懶散和拖延是第一步。這種覺察會讓我們意識到，當前的生活模式並不利於靈魂的成長。首要條件是保持身體和意識的平衡鍛鍊，再來建立良好的習慣也有助於克服惰性，此外，尋求支持和激勵也非常重要。身體與意識的進步促進靈魂的成長，而意識的鍛鍊會讓靈魂成長遠超於依賴工具的速度。

靈魂的出生前、出生之後、死亡這三段經驗才是靈魂的完整歷程。然而，現代人往往更注重出生之後的狀態，逐漸忽略了出生前和死亡的經驗。看待死亡，不應以恐懼的態度認為生命已經終結，靈魂的旅程不應因一世的生命終結而結束，我們應該重新審視對死亡的態度，反思生命

的意義和價值，死亡並不是靈魂旅程的終點，而是一個新
階段的開始。

chapter

04

非地球意識
踏入地球之旅

靈魂與生命的起源： 探討地球上最早的動物

　　很多奇特的生命來到地球，無論是魚類、鳥類、昆蟲類，還是其他星球曾經出現過的生物，都在地球上共存，這是一種奇怪的現象！同樣是地球人，也會因不同的宗教、文化、種族而產生衝突。而這些生命來到地球主要的學習目的是共處，在其他星球，生命很少會有像地球跨種族之間的共存，他們的星球只會有單一的種族在同一個星球，很難出現不同種族在同一個星球共存的情況。地球上有許多問題需要處理，例如：戰爭、生態、政治策略、信仰和氣候。地球上的生物，尤其是人類，需要共同面對和解決這些問題。

　　在早期的地球，即便只有氣候問題，也依然存在共

處的挑戰。一開始，異星球的生物來到地球只有簡單的形態，隨著時間的推移，這些生物為了適應不同的生態與生存環境，逐漸進化，形成多種不同物種。可見環境對生物形態和特性的影響巨大，例如，魚類進入到深海後，為了生存，牠們進化成像鯊魚這樣快速游動的大型魚類；如果無法獲得這些本能，牠們將被大海淘汰。進入湖泊的魚類因為水域面積縮小，變成了鯉魚、河豚這類只需具備一點攻擊性的物種；而在河流中，魚類的種類和攻擊性都較少，體型也更小。地球上的每種生物都會因為不同的環境而發生變化。鳥類生物飛到一萬米高空時，需要堅硬強壯的翅膀持續飛行並具有捕獵的功能，這樣的鳥類會進化成像老鷹一樣的猛禽，牠的視力是人類的5倍，這使牠們能在高空中輕易發現獵物，能捕獵與自己體型同等大小的動物，而普通的家禽卻很難做到這一點。飛到一千米高空的鳥類則會進化成如大雁的中型鳥類，擅長長距離飛行，能夠從一個大陸飛到另一個大陸，但因氣候原因選擇遷徙領地，不如老鷹強悍。與人類生活靠近的家禽即使有飛行能力卻飛得不高，主要捕食食物鏈更低等的昆蟲，只需在農

田裡工作便能完成職責，任何生物都會因為地球的環境而擁有不同功能。

陸地上野狼因環境惡劣，需要在深山生存，躲避其他的動物攻擊和隱藏。因此，牠們需要更加迅速的啃咬和奔跑能力。例如，野狼進化出了更強的肌肉和更高的耐力，以便在長時間追逐獵物時保持速度和力量。此外，牠們的牙齒和下頜結構也變得更加適應撕咬和捕獵。與人類和諧共處的獵犬，雖然也有啃咬的能力，但由於人類提供了穩定的居所，牠們的奔跑能力就會比野狼遜色許多。獵犬因為不需要長時間奔跑和捕獵，逐漸失去了這些技能，反而進化出更好的聽覺和嗅覺，以協助人類進行看守和追蹤。

現代科學多半以結果反推成因，卻忽略了一個重要的環節：地球的多樣性。就如一個病症的形成，無法避免的原因與精神、心理、身體都有關。惡劣環境不僅促使生物進化出更強的生存技能，也強化了牠們的感官和反應能力。例如，極地的北極熊進化出厚厚的脂肪層和白色的毛皮，以抵禦寒冷和隱蔽自己；而沙漠中的駱駝則進化出能長時間儲存水分的駝峰，以應對極端的乾旱環境。

人類也會因為不同的環境創造出不同的思想、身體素質、信仰體系以及文化活動。居住在氣候穩定地區的人類思想較單純，而處於氣候環境多變環境中的人類則容易擁有複雜的心情和應對能力。例如，生活在極地的因紐特人發展出獨特的狩獵文化和耐寒的身體特質，而居住在熱帶雨林中的亞馬遜土著則擁有高度適應潮濕環境的生存技能和豐富的植物知識。環境對人類的影響十分巨大，促使人類在面對不同的自然和社會挑戰時，產生多樣化的適應策略。

來到地球的每個靈魂都會經歷不同的可能，這些多變的可能性才會帶來不同的變化。正如釋迦牟尼佛在涅槃前經歷了不同的人生際遇和變化，包括貧窮、疾病、健康、名利及婚姻。他放棄王子的身分和奢華的生活，選擇苦行，體驗了極端的苦難，最終領悟到中道的重要性。這些變化的原因源自他對真理的追求和對世間苦難的深入理解。對於佛陀來說，這些人生境遇都是靈魂的考驗和成長的契機。他能接納這些境遇，因為他明白事事皆有成因，接納不代表完全認同和完全否定，而是看到了每一經歷背

後的意義和價值。不同的生命在各自的環境中成長，當面對未知的生物時，難免會出現緊張的反應，這導致了自然的本能反應，如防備和抵抗。而這些反應是食物鏈中的一部分，當出現難以掌握的情況時，生命就會自然而然地加強防備和抵抗，以保護自己。

當新的意識進入到地球，經歷溶解和燃燒的過程後，慢慢展現出意識本來的真面目。不需要非擁有物質的身體，這些意識開始附著在太陽、植物、氣流等不同的生命體中。隨著附著的生命體開始衰敗，意識便會轉移到新的生命體，但會保留原本的靈魂記憶。儘管靈魂記憶存在，卻鮮少使用前一個生命體的能力。例如，前一個生命體是植物，轉移到第二個生命體是鳥類，雖然保留植物的靈魂記憶，卻因鳥類的生命體不會運用到植物的能力而很少使用，生命的時間沒有盡頭和終止，時間對於宇宙來說只是紀錄。正如物理學家愛因斯坦（Albert Einstein）所說：「時間是我們生命的尺子，但宇宙是永恆的。」

事實上，自然界中的許多現象也展示了生命的延續和變遷。例如，某些蝴蝶幼蟲會進行完全變態，從毛毛蟲變

成蛹，再變成蝴蝶，每一個階段都有不同的形態和功能，但牠們依然是同一個生命的延續。這說明了生命可以在不同的形態中展現，而靈魂記憶在其中扮演著重要的角色。

許多靈魂來到地球後無法適應，往往以虛無浮空的態度面對地球生活。他們總認為許多事情都可以輕易帶過，把人類的思維想得很單純，因為他們的靈魂還處於漂浮的狀態，做事不切實際。在開始任何事情之前，他們總會把事情想得很簡單，無法與周圍的人共處，很難接受他人的意見，總覺得自己才是絕對的正確。例如，一個剛踏入職場的新員工可能會認為完成工作是件簡單的事情，沒有意識到團隊合作和溝通的重要性，結果在實際工作中遇到困難和挫折。這正如孔子所說：「知之為知之，不知為不知，是知也。」只有承認自己的不足，才能真正進步。

心理學研究表明，那些缺乏適應力的人通常更難處理壓力和變化，容易陷入孤立和自我封閉的狀態。這些靈魂往往會忽視現實中的複雜性，導致他們難以融入社會和人際關係。

他看待事業、未來和人生規劃，總是無法真正切合周

圍人的需求。他常常覺得周圍人不理解他，也不嘗試想要了解他人。這類人根本的問題在於不適應地球的肉身，無法融入這個大環境，並且無意識地對地球生活產生排斥。外人看來，他們顯得自大、目中無人、自以為是，認為自己獨樹一格、擁有自己的獨特特色。例如，一些創意人士或思想家可能會沉浸在自己的世界裡，認為只有他們的視角才是正確的，忽視了其他人的實際需求。這導致他們的作品無法獲得廣泛的認同和接受。

心理學家卡爾‧榮格（Carl Jung）曾說過：「你所抗拒的，依然存在；你所接受的，會改變。」這說明接受現實和他人意見的重要性。這些人可能難以擁有順暢的感情生活，總是幻想遙遠的目標可以實現，但卻找不到適合的工作。他們總認為自己有偉大的事情需要完成，但與人溝通時缺乏互動，認為世人生活過於簡單渺小，而自己看到的才是深遠的，這些都是非地球的靈魂不適應地球的反應。現實中，許多科學家和哲學家也表現出這種與眾不同的特質。他們的創新和遠見確實改變了世界，但他們在日常生活中也可能面臨人際關係的挑戰。正如蘋果公司創辦

人之一史蒂夫・賈伯斯（Steve Jobs）所說：「活著就是為了改變世界。」這些靈魂雖然難以適應地球生活，但他們的獨特視角和夢想也可能帶來巨大的變革。

在我們的個案諮商中，我們經常遇到來自非地球意識靈魂族群的個案，例如星星小孩、靛藍小孩、外星族群的後裔以及新生靈魂。這些靈魂投胎到今生，往往面臨精神、心理和身體上的多重挑戰，因為對當前身體和地球環境的不適應。這種不適應可能導致他們對自我產生排斥和困惑，並且有時被誤解為自大或自以為是。事實上，他們只是尚未完全適應地球的生活。顯而易見，外來靈魂的數量相當多，他們通常認為地球的生活會很輕鬆。然而，地球擁有自身的防衛機制和規則。如果這些靈魂進入地球而不遵守這些規則，就會開始感到不適應。古人常說：「順勢而為。」這一理念在中國的太極拳中表現得尤為明顯。太極拳強調隨勢而動，既能攻也能守，因此往往能在各種挑戰中保持優勢。

為了幫助外來靈魂更好地適應地球生活，可以從幾個方面入手。首先，要了解並接受地球的現實狀況，避免

與現實環境對抗。其次，學習與自然和諧相處，尊重自然規律。再次，學習管理和調節自己的情緒，以避免過度的心理壓力。同時，尋找志同道合的朋友和社群，建立情感支持網絡。最後，靈活調整自己的期望和行為，以適應環境變化。這些方法和太極拳中的「隨勢而動」原則相輔相成，有助於這些靈魂在地球上找到平衡與和諧。

真實案例 THE CASE

來自星際的小孩

　　大衛，約35歲，擁有粗獷的外表和一顆充滿探索精神的靈魂。他對世界上的一切都充滿好奇，喜歡不斷學習和尋求新知，對於任何他認為新奇的事物，無論花費多少金錢，他都樂於投入。然而，這也成為他的一大困擾，他總是不清楚自己究竟在尋找什麼，對工作缺乏專注和熱情，常常幻想某一天能夠做出一

番大事來回饋社會或實現偉大的理想，以造福更多人。

　　這些理想和幻想讓他的家人和女友感到困擾，認為他不切實際。在5年的交往過程中，他們經常因為小事爭吵，溝通也變得十分困難。大衛常常覺得家人和女友無法理解和支持他，但另一方面，他也未真正嘗試去了解他們的想法和感受。

　　我們觀察大衛的靈魂，可以看出他是一個典型的外星小孩。雖然他的外表粗獷，給人一種不拘小節的印象，但他的內心卻像是來到地球進行探險的異鄉旅人，對世界充滿了無盡的好奇和探索精神。因此，他對所有事物都充滿好奇，也樂於投入新奇的事物。

　　由於他的靈魂仍屬於新生的外來靈體，對地球的一切仍感到陌生，處於探索的階段。因此，你會發現他的靈魂似乎無法與地面真正接觸，這象徵著他內心的不切實際。這種靈魂往往把事物看得過於簡單，認為自己可以輕易解決各種問題，並且對人類生活的複

雜性缺乏真正的理解。在還未開始做事之前，他會將事情想得過於簡單化，也意謂著他尚未能夠真正體驗和享受今生的生活。這種表現可能使他與周遭人難以共處，且不容易接受他人的建議，總認為自己的觀點才是正確的。大衛的內心世界充滿了對未來的幻想和對未知的渴望，但他卻忽略了現實生活的複雜性和挑戰。他需要學會在追求夢想的同時，也能腳踏實地地面對現實，理解並接受他人的建議，這樣才能找到真正的平衡，實現內心的滿足和生活的幸福。

正如心理學家艾瑞克．艾瑞克森（Erik Erikson）所說：「人的一生就是一場不斷的適應和轉變。」這些靈魂的獨特性和挑戰讓我們意識到適應過程的多樣性和複雜性，也促使我們更加包容和理解他們的特殊需求。這些不同次元或外來的靈魂在地球的適應過程中，常常需要克服許多困難，但他們的獨特視角和經歷也為我們的世界增添了新的色彩和智慧。

外星幼年的靈魂

　　海倫是個20出頭的小女孩，當我初次見到她時，覺得她只有13、14歲左右，她總是有媽媽陪伴在身旁。她最大的困擾之一就是不適應周遭的環境，看到人群會感到害怕，總覺得周圍的人和自己處於不同的世界，常有心理自閉、躁鬱和自以為是的表示。這些問題在阿卡西紀錄中可能會有描述。海倫有著非常愛她的母親，她第一次發覺她有人群恐懼症是在她13歲左右，那時候她開始只待在自己的房間裡。在學校，她也不跟同學交流，總是一個人坐在自己的座位上。到大約16歲的時候，海倫才開始注意到自己身心狀況的異常。她開始自行上網查資料，並發現自己可能患有憂鬱症。緊接著，她還出現有皮膚病、腸胃問題以及免疫系統失調等症狀。這類外星靈魂通常從小就伴隨一些疾病，因為他們內心深處對周圍的一切

感到排斥，而這種排斥會在身體上表現為各種炎症，比如喉嚨炎、皮膚炎、過敏以及頭皮問題等。

作為家人，我們應具備更大的耐心陪伴他們，願意給予更多時間和理解。對於容易自閉和害怕人群的個體，應鼓勵他們勇敢面對挑戰，逐步跨出舒適區。對於免疫系統失調的人，應鼓勵他們接受周遭環境，不必強迫自己，並避免情緒失控。

著名心理學家喬・卡巴金（Jon Kabat-Zinn）曾說過：「人類的痛苦不在於問題本身，而在於我們對問題的反應。」這句話提醒我們，對待這些挑戰的最佳方式是接受而非抗拒。實際上，許多外來的靈魂面對地球生活的挑戰是因為需要適應這個星球獨特的規則。地球的表面看似美好，但其內在獨特的規則和環境常常對外來靈魂造成困難。根據心理學家伊麗莎白・庫伯勒—羅絲（Elisabeth Kübler-Ross）的研究，「接受是生命的基本過程。」這種接受和適應的心態是幫助他們調整的最佳方式。不抗爭、不抵抗、

不壓抑，才是最有效的幫助他們找到平衡和適應的最佳方式。這樣的態度可以幫助他們更好地融入環境，找到自己的位置和方向。

真實案例 THE CASE

靈魂記憶中的金伯莉

　　我的靈魂在到地球之前，最初是一滴水，然後逐漸成為一團水。選擇水作為靈魂的形式，是因為水能夠被地球上的任何生命體吸收，並停留在其中。水作為自然元素，具有極高的適應性和包容性，是最容易附著在任何生命形式上的物質之一。根據科學家資料，地球上的生命形式大多數都依賴水來維持生命。正如物理學家愛因斯坦所說：「水是生命的源泉。」這一觀點體現了水在支持地球生命中的基本角色。

在靈魂進一步變化後，它從一團水變成了一杯水，這種狀態類似於露水。然而，這種形式我的靈魂卻不滿意，覺得不是自己想要的狀態。靈魂觀察到即將被吸附到小草和樹木，對此感到不滿，並且無法融入這些植物。當看到其他水滴被植物吸附時，靈魂也會比較，認為這些水滴不如自己。然而，這些水滴已經變化成了綠色的水滴和顏料，靈魂的不滿與比較使得我的靈魂在這一階段陷入了執著和困境。

這種情況反映了靈魂在尋求滿足過程中的困惑。心理學家卡爾・榮格曾說過：「我們總是對自己最缺乏的東西感到不滿。」這種執著和對比常常源於內心深處的焦慮和不安，阻礙了靈魂的自然進化。例如，心理學研究顯示，對比和比較會加劇人的焦慮和不滿，使人們無法珍惜當下所擁有的資源。正如知名哲學家愛比克泰德所言：「不幸不是因為擁有的少，而是因為我們對於擁有的不滿。」這種心態使得靈魂在自我價值和滿足感方面陷入掙扎，阻礙了其與周遭世

界的和諧融合。

這一階段的靈魂面對的挑戰，是透過對比和執著來理解自我價值和滿足感的過程。這樣的內在掙扎和外在觀察，促使靈魂在尋求平衡和接受中成長。

不同的水滴形態各異，而我的意識總是認為這些不同形態的水滴不如自己。一旦意識有這樣的想法，就開始會想產生競爭模式，漸漸地這個水意識開始轉變，擁有了自己的身體，有手有腳和毛髮，甚至穿上了服裝，外貌越來越不像水。儘管如此，從水意識的樣貌隱約感覺到一絲的不自然，即使已經有了變化，仍然沒有附著在任何的物體上。但其他的水意識則已經進一步演化，變成了各種各樣形式的水，它們已經準備到下一個路程，將要被大海吸收。但我的水意識卻依然停留原地，還在觀察並固守著自己的看法，幾千年來未有任何的調整。這種停滯狀態反映了內心的掙扎和對變化的抗拒。正如愛因斯坦所言：「問題不可能用產生問題的同一層次的思維來解決。」提醒我

們，真正的成長來自於改變思維方式和接受變化。只有當我的水意識放下比較與競爭，接受自身的獨特性並與周遭環境和諧共處，才能達到進一步的進化和融合。

直到一位老者出現，他見到我的水意識狀態後，流露出悲傷之情。老者告誡水意識，不要等到自己像老者一樣蒼老才明白一些道理。水意識對老者的建議不以為意，反而讓老者審視自己。其實，老者並非肉眼看上去的那麼蒼老，他是菩薩的化身。菩薩之所以沒有顯露真身，是為了試探水意識的智慧。菩薩對水意識說：「你沒有察覺老者具有的智慧、歷經過的歲月和謙虛誠懇的態度。你被老者的外表所迷惑。」正如馬克‧吐溫所說：「外表只是浮雲，內在才是本質。」水意識需要理解，不要被外表所迷惑，只有超越表面的比較和競爭，才能真正看到內在的智慧和美。

菩薩接著提醒：「你有一個慣性，當別人給你意

見時，你總是可以找到反駁的理由，總是想與他人一分高下，這使你對任何事物產生了排斥。雖然你後來被吸收，但卻成為了最不起眼的一隻竹莢蟲。竹莢蟲將你看成同類，因此吸收你。之後，竹莢蟲被一隻啄木鳥吞食，啄木鳥的習慣是每天對著同一棵樹木的同一個地方一直用嘴巴啄，目的是想把樹鑽出一個洞，啄木鳥的想法就與愚公移山相同，與你作為水意識的慣性是一樣的，喜歡鑽牛角尖。你被啄木鳥吸收後，認為啄木鳥的身體有異味。啄木鳥的糞便排出了你的意識，你被排出之後，依然沒有任何的變化。因為你與其他的水意識不同，其他的水意識會認為這是很美妙的旅途，是一次新鮮的體驗，但你卻太著眼於當下的困難和不適。正如愛因斯坦所說：「生活就像騎自行車。為了保持平衡，你必須不斷前進。」後來，你逐漸轉世成為人類中的一名乞丐，對於別人的施捨也心懷不滿，然而，施捨錢財的人其實本身也所剩不多，他們依然發揮了善心。最終，乞丐被一戶人家收

養，這樣的經歷占據了靈魂歷程中的重要一部分。無論處於何種境地，都應該心存感恩。正是老子所說：「知足者富。」只有懂得感恩和知足，才能真正體會到生活中的美好與善意。

在這一生中，我從懂事和求學時期起，就延續了以往的習慣，喜歡比較並常感不滿。我對自己的身高、身材和髮型不滿意，對學校的制度不滿，對公司上班打卡的模式感到不悅，對主管交代的任務和部門內的競爭也常有不滿。這些不滿使我在生活中充滿了對抗、衝突和不開心。我的事事不滿態度進一步導致了身心的不健康，經常感到壓力大、焦慮和沮喪。甚至有時，對於自己想做的事情過於執著，不願聽取他人的寶貴意見，最終導致了失敗的局面。回顧自己從小學到大學，再到社會經歷中的種種，也都是如此。就像《死過一次才學會愛：艾妮塔的瀕死重生奇蹟》書中描述的那樣，她經歷了換班級、不喜歡自己的制服，甚至在嘗試前就已有了嫌棄的想法，對自己的父

母兄弟姊妹也充滿不滿，個性主觀且固執。為了學會自我反省，我決定首先每天花時間靜下心來，反思自己的不滿情緒來源，了解這些情緒的根源是否合理，並試圖以更加客觀的角度看待問題。這樣做可以幫助我更清楚地認識到自己的思維模式，並找到改進的方向。

回顧小學時期，當別人贈送我糖果或餅乾時，我會在品嘗之前就做出判斷，已經認為糖果和餅乾的美味與它們的外觀息息相關。長大後，在國外留學或旅行時，我經常忽略了沿途的美景，卻過於關注天氣和飲食的不適應，放大了這些不適應感，進而產生強烈的拒絕和反對。這種輕易自我拒絕、無法感受他人用心的習慣，最終導致我在19歲時患上了僵直性脊椎炎，造成身體免疫系統嚴重失調，讓我備受痛苦。我最終明白，真正的調整來自於意識到過去的自己發生過什麼，長久得到改變的方法是理解自我。如同愛因斯坦說：「瘋狂就是一遍又一遍地做同樣的事情，

卻期待不同的結果。」學會接納自己和周圍的環境也是至關重要的。我理解到沒有一切都完美，這不代表放棄改變，而是減少不必要的抗拒和內耗。為了改善與他人的關係，我增強了溝通能力，學會傾聽和理解別人的意見和建議，這樣可以減少因誤解而產生的衝突。

靈魂的演變：
成長的啟示與轉變

　　根據印度的精神導師布拉馬什・帕特里吉（Brahmarshi Patriji）的觀點，認為我們可以藉由手上的五個手指來了解自己存在的不同維度。每個手指代表一個不同的層面或維度，與特定能量、情感或意識相關聯，更幫助我們深入了解認識自我。

　　小指代表身體，這部分來自我們的父母，承載了他們的基因。無名指象徵我們的心靈，這來自我們的社會環境，包括父母、家庭、媒體、宗教和所處的時代。

　　中指則代表智慧，這是區分善惡、真假的能力，取決於我們在今生及前世積累的經驗。食指象徵靈魂，靈魂是不朽的，可以用樹來比喻，整棵樹代表是靈，而每片樹葉

則代表一個靈魂。最後是拇指，它代表精神，也稱為「一切」，是我們存在的最深層面。

地球被視為一所奇妙的學校，許多靈魂來這裡學習、進化和成長。靈魂在宇宙中的成長歷程分為七個階段：嬰兒靈是初級階段，開始探索。孩童靈開始適應社會規則和道德準則。年輕靈更注重自我成就和獨立性。成熟靈尋求深層次的關係和內在成長。年老靈代表智慧和慈悲。靈魂在最終積累了豐富的經驗，達到了佛性、克里希納性或基督意識，意謂著超越個人自我，達到了與宇宙合一的境界。

在靈魂的轉世過程中，它可能會遇到瓶頸而停滯不前，進度沒有照步驟前進而延遲。例如死亡可能使靈魂停留在某一層次，無法繼續前進。在地球上，來自不同靈魂週期的靈魂混合在一起，甚至有時生活在同一家庭中，這種現象非常獨特。不同靈魂處於不同的進化階段，他們共同生活、互動，彼此影響和學習。這種多樣性的存在，為靈魂提供了豐富的成長機會，也展示了宇宙的複雜和奇妙。

每個靈魂都必須走完一個循環，無法跳過或略過。雖然靈魂的成長按照各自的計畫進行，但進化過程可以被加速。這並不是一種等級制度，而是一個發展階段的過程。靈魂是不朽的；它是聖靈的一部分。可以用一棵樹來比喻，整棵樹就是靈，而樹上的每一片葉子就是一個靈魂。每片葉子在經歷不同的階段時，都是在為整棵樹的成長和發展貢獻力量。這個比喻展示了靈魂的個體性和整體性的統一，強調了每個靈魂在宇宙中的獨特和重要性。

真實案例 THE CASE

來自天際的石頭

在最初，艾米的靈魂是一塊星球上巨大的岩壁，屬於某種礦物。經歷了多年的風吹雨打和星球的變遷後，這塊岩壁上開始出現眼睛和鼻子。隨著宇宙中的混沌漸漸平息，它自然地與大地的意識融合，最終，

這塊岩壁逐漸擁有了自己的意識和思想。托爾斯泰所說：「一個人若沒有熱情，他將一事無成，而熱情的基礎正是意識和思想。」隨著時間的推移，這塊岩壁在宇宙中逐漸演變，最終變成一個有智慧的存在。

　　因為他渴望看見這個世界，從黑色的岩壁中首先生長出了眼睛，但他無法挪動身體，因為身體只有眼睛。隨著時間的推移，他慢慢長出了鼻子和嘴巴，某一天，他的雙手雙腳也長出來了，成為了一位全黑色的人類。這位人類行走在外太空的行星，沒有普通人類應有的七情六欲，他看到前方有物品時，就會用雙手劈砍。這樣的存在讓人想起赫曼‧赫塞（Hermann Hesse）的名言：「每個人都是一個深不可測的宇宙。」之後，他開始在原星球繼續成長，不知道營養來源是什麼，就一一嘗試星球上的各種食物。而他的生命就似乎不會枯竭，於是一直在原星球待了很久的時間。正如魯迅所說：「希望，本無所謂有，也無所謂無。」當一個生命體的意識開始甦醒，就不會枯

竭。隨著原星球的地質改變，他的生活發生了天翻地覆的變化。他從原本的黑色膚色轉變成火焰般的紅色膚色，又從火紅般的皮膚變成接近人類皮膚顏色的肉色。他開始覺得自己越來越強大，他也沒有自己的種族和家人。他只憑藉雙手摧毀任何妨礙或是對他產生侵害的物質。即使是銀河中的流星雨擋住了他的去路，他也會打落這些流星。他因為這些力量和形象不斷變化，最終變成類似《星際大戰》中的風暴兵的形象，全身被盔甲覆蓋。

當他聽到阿卡西紀錄時，他強烈渴望學習，以深入了解自己為何在這一生中總是親自處理一切，不依賴他人。他突然想起，在做諮詢的前一天，他家中有一枚黑色礦石，他手握這枚黑色礦石時，眼淚竟然不由自主地流下。他提到自己現在從事的也是礦石鑑定與礦石買賣行業，他對於礦石非常感興趣，甚至能夠一眼看出礦石的真假，他能感覺到它們的故事，它們的能量。對礦石的熱情和敏銳，使得他在這個行業中

獨樹一幟。他在宇宙中獨自流浪了幾百萬年，認為他的合作夥伴和客戶都不理解他的經營理念，也覺得很多人都不懂他的想法。他來到地球的原因是外星球向地球投擲了大量礦石，於是他不小心來到了地球。起初，他懷有很大的夢想，希望能讓自己在地球上的生活與原星球的生活沒有差異，地球對他來說既陌生又熟悉，所以礦石不僅僅是物質的存在，更是他與原星球聯繫的橋樑。

他最初降生到地球的地區是非洲的國家南非，因南非有豐富的礦石資源吸引著他的靈魂前往。往後的轉世中，他曾是波斯販售礦石的成功商人，也曾是名貴珠寶和手錶的工匠。他選擇的靈魂角色都與礦石息息相關，並將礦石應用到各個領域，比如用礦石製作成香水瓶、肥皂盒等諸多生活用品。在今生，他繼承了前世挑選礦石的獨特眼光，以及對礦石品質的嚴格要求，這些特質也成為他此生獨特的能力。無論在哪個時代，礦石都是他靈魂的一部分，他將礦石應用到

生活中的各個方面，展示了他對礦石的熱愛和無限創意。

　　但最需要調整的是他與員工的關係，他不會與員工保持太過親密的關係，始終希望員工能達到與他一樣的嚴格標準。他需要了解的是，員工們可能不會把研究礦石視為他們的人生方式，對於每個人來說，生活的標準是不同的，並且高標準的工作態度並非適用於所有人。這些情況讓他逐漸意識到，尊重和理解員工的個人需求和生活方式，才能建立更和諧的工作環境。如同美國著名的管理學家史蒂芬‧柯維（Stephen Covey）說：「傾聽與理解他人的聲音，是一種智慧。」

真實案例 THE CASE

來自冥界的通話

　　位於台北市西門町的某戲院在1957年1月發生一起重大火災事故，據報導，火災起因於戲院的投影機故障，投影機內的電線短路引發火花，點燃了可燃物。因為早期的戲院消防設施沒有很完善，戲院的緊急出口數量不足，加上設計不合理，戲院的整體結構很像迷宮，導致觀眾疏散困難，許多人在逃生過程中迷路而被踩踏或因吸入濃煙而失去意識，這起火災導致三十幾人死亡，許多人受傷。這事件暴露了當時的建築物防火設計和安全管理的嚴重不足。在火災洗禮過後，雖然戲院全新翻修，但其過去的慘痛記憶依然令人心生畏懼，鬧鬼的事經常出現在報章雜誌和新聞報導上，成為台北市居民無法抹去的痛苦回憶。

　　在大火發生後的一個月，一個小男孩看到報紙上有這個戲院的新聞，也不知道哪裡來的膽量，竟然敢

撥打電話過去，當他拿起了家中的電話，電話居然接通了，他聽到了電話裡面有很多人呼喊：「失火了，救命！」還有遠處很多人奔跑的腳步聲，彷彿火焰和煙霧在他的耳畔再現，令人毛骨悚然。藉由進入阿卡西觀看這個事件，發現另外一邊接通的電話被放在冥界，電話的外觀類似老式的轉盤電話來完成撥號。每一聲撥動彷彿都在召喚亡靈，那些在火災中受困的靈魂彷彿依然在冥界裡面訴說著他們未了的心願和痛苦。接聽電話的人並不是普通的電話接線員，而是冥界的鬼差，類似於地下的電信公司。這個小孩能夠打通電話，是因為戲院電話沒有及時註銷，打通之後他嚇了一跳，他也回憶當時這通電話還有讓一旁的妹妹一起接聽，妹妹雖然聽到電話沒什麼反應，但妹妹小時候的靈魂卻因此被電話聲吸引進去，而少了一絲魂魄。少了的魂魄被困在多維空間中的戲院裡，不斷地單腳跳舞，造成妹妹在某些方面的成長失衡，例如容易卡陰的體質、從小記憶力緩慢、思考過於單純，並

且難以集中注意力。鬼差之所以挑選妹妹，是因妹妹的聲音甜美可愛，這使得她的靈魂停留在異次元的戲院。回想起以前做什麼事情都會叫妹妹共同參與，不管是寫學校功課還是看電視卡通，妹妹也非常願意與他共同學習玩耍，妹妹與他的感情也最緊密。

　　透過這個事件，我們了解到，當時的報紙與電視作為媒體的傳遞方式，由於報社印刷大量的報紙，這戲院發生這樣的遺憾後，販售出去的報紙已經無法及時從民眾手中回收。正因如此，這個男孩才會在家中看到這篇報導，陰錯陽差地撥打了冥界的電話。這個經歷也提醒我們，不要輕易的撥打來源不明的電話來滿足自己的好奇心，以避免不必要的能量連結。幸運的是，當時的冥界通話是被鬼差接聽，而不是冥界的幽魂，如果是幽魂接聽就會吸引幽魂來到現實的家裡停留、不願離開，甚至可能導致家人精神出現狀況。有時，我們會受到來自不同次元的靈魂干擾和影響，對於未知的事物，我們應該保持敬畏之心，遵循安全

和理智的做法，保護自己和家人的安全與健康。鬼差的出現象徵著冥界也具備過濾訊息的能力，能夠阻斷生者與亡者之間不必要的連結。有時候，往生者的電話未被親屬及時註銷，無意中成功撥打這些號碼而連結到往生者的靈魂。冥界為了能夠順利管制和安置往生者的靈魂去往下一個階段，有時往生者的家屬也有可能會接到冥界的來電，向親友家屬確認往生者的身分。這種情況就像醫院在病患離世之後，工作人員也會撥打電話跟家屬確認病患的身分，以便讓醫院與病患家屬進行良好的對接。

生命的終結僅僅是一個新的開端，美國作家歐文‧華萊士（Irving Wallace）說：「死亡並不是終點，而是另一段旅程的開始。」提醒我們要尊重那些已經離去的靈魂，並理解他們的存在方式。我們應該懷著謹慎和尊敬的態度，面對那些從另一個世界傳來的訊息，避免引發不必要的恐懼和困擾。

05

獲取零距離的鑰匙：
撰寫大腦意識型態

時間是最好的解方

　　每個人都有能力幫助自己，每個人都能培養出自救的力量。但在喚起這股自救的能力之前，我們首先需要改變自身的行為、調整大腦的思維模式、並修復靈魂深處的記憶。這就像工程師重新設計電路板，改變電流的流向，焊接新的電路。然而，覆蓋舊迴路並不等於真正的改寫，改寫往往伴隨著一些痛苦，因為這個過程需要我們面對和處理過去的傷痕與困難。改寫不是一蹴而就的，它需要一些時間與耐心才能完成。在改寫的過程中，我們必須理解和感受自我問題帶來的人生挑戰，並認識到我們周圍的現實是可以被改變的。

　　了解自己，正是這個改寫過程的關鍵，它幫助我們發現問題的根源，並找到解決的方向。這樣的自我覺察不僅

能改變我們的現狀，還能促使我們以更積極的態度面對未來。正如古希臘哲學家蘇格拉底（Socrates）所說：「認識你自己。」「未經主動審視反省的人生不值得活。」這簡單的兩句話，卻包含了人生智慧的精髓。當我們願意付諸行動，並在改變的結果出現之前，耐心等待時間的累積，我們才能真正地重塑自己的生命。

大腦的思維迴路就像一個精密的工程，需要不同的片段拼接與焊接，如果我們急於求成，反而會適得其反。只有保持平和的心態，耐心地修復，我們才能在最終收穫到期望的改變。

真實案例 THE CASE

因不願意花時間等待變化而導致反效果的案例 1

　　當初 Cici 來詢問有關更換工作的事情。她的個性比較急躁，一直認為自己做事很完美，因此在同一間公司待了很長時間。然而，她卻在工作中無法獲得快樂，儘管她非常想要跳槽，但一直沒有合適的機會可以去新的公司。同時，她認為自己的外語能力不足，於是開始學習英語，但外語程度卻沒有顯著提升，最終她只能被迫繼續留在原來的公司。

　　在幫助 Cici 的過程中，我們了解到了她處境的根本原因。由於她的急躁性格，成為了無法順利換工作的主要阻礙。當我們告訴她這一點時，Cici 認為急躁是她解決問題的最佳方法，並不覺得這有什麼不好。我們建議她放慢心態，放緩做事的腳步，與家人說話時也要更加放鬆。儘管 Cici 聽了這些建議，她仍糾

結地詢問：如果她真的改變，聽從放慢的建議，大概多久才能看到效果。其實在Cici來之前，她的哥哥曾提到對她有很多不滿。Cici曾因投資失敗向哥哥借錢，但哥哥並沒有要求她馬上償還，反而買了一套新房子，讓媽媽和Cici一起同住。然而，Cici並未感受到哥哥的用心，反而認為哥哥沒有給她更多的金錢援助。急躁的個性也使Cici在投資時容易選擇錯誤方向，她認為周圍的人腳步過於緩慢是在浪費時間，不懂得掌握時間，這種思維也是很多急躁的人常有的。在經歷了兩次諮詢後，Cici開始願意嘗試放慢節奏，但由於改變的結果需要時間培養和醞釀，她的急躁性格阻擋了新的機遇的到來。直到第三次的諮詢時，她依然故我，不耐煩地問道：「我到底還需要改變自己多久，才能脫離現在的公司，什麼時候才能找到新工作？」

她的這一狀況正應了本章一開頭所提到的，如果她希望得到改變，首先需要先認清自己急躁性格的問

題，並相信現實是可以被改變的，同時，她必須願意
付諸行動。雖然她開始採取行動，但因為過於急躁，
每天都在急切地想要改變馬上發生，這樣的心態反而
妨礙了她吸引新的工作機會。她違背了順勢而為的宇
宙規律，因此在改變的過程中，越來越疑惑，開始懷
疑放慢腳步的建議是否有效，更堅信急迫才是解決問
題最正確的方式。這就是「心急辦錯事」與「心急吃
不了熱豆腐」的典型例子。

　　要克服急躁，Cici需要學會耐心，接受改變是需
要時間的這一事實。她可以透過練習冥想、設立合理
的期望，並專注於當下來減少焦慮和急躁感。正如法
國哲學家盧梭（Jean-Jacques Rousseau）所說：「耐
心是苦澀的，但它的果實是甜美的。」當她真正學會
耐心，她將發現，改變雖然來得慢，但最終會帶來持
久而深遠的成果。

真實案例 THE CASE

因不願意花時間等待變化而導致反效果的案例 2

　　Johnson 這位案例在人生的旅程中，偶然接觸到了身心靈的領域。然而，他也遇到了許多身心靈修行者常見的困境：執著的想要追求超凡脫俗，超越自我，渴望達到開悟的境界。為此，他花費了上百萬元學習了各種不同系統、不同法門的心靈課程，但始終找不到真正的開悟之道。

　　直到他接觸了阿卡西的課程之後，最大的心願就是成為阿卡西解讀師。雖然他完成了所有的阿卡西課程，但卻無法讓生活與靈性結合，也無法完全獲得內心的平靜。在進入了阿卡西解讀時，他經常重複提到現實生活中的困擾，試圖透過靈性來發洩對於現實的不滿。要實現生活與靈性的結合，Johnson 需要學會將靈性智慧應用於日常生活中，而不僅僅是追求靈

性上的成就。他可以透過冥想、正念練習以及對當下的專注，來更好地平衡靈性與現實。重要的是，他要明白，靈性並非與現實混淆發洩，而在於在現實中昇華，追求內在的深層智慧，從而達到真正的開悟。正如佛陀所言：「開悟不在於逃避現實，而在於全然地活在當下。」當他學會在生活中運用靈性，開悟自然會隨之而來。

在追求靈性的過程中，Johnson急迫地想要找到開悟的方法，卻忽略了生活中有更重要的事情需要去處理和面對。幫助他人的前提是先懂得如何幫助自己，沒有幫助自己的能力，也很難真正幫助更多的人。然而，Johnson不願意給自己時間來自我成長，反而一心想著去幫助他人，結果，他的身體狀況因為這種不平衡的心而逐漸惡化。他無法理解靈性對生活的真正意義，這主要源於他不願改變，長年吸菸習慣使他的身體無法負荷，每週都需要去醫院報到，每天服用大量藥物，他將靈性和生活完全分隔，無法融會

貫通。他只渴望迅速獲得豐碩的果實，不願等待開花的過程，忽視了果實形成需要風吹雨淋、日以繼夜的累積，這正是大自然的循環法則。

　　要在生活與靈性之間找到平衡，Johnson需要學會將靈性的智慧融入日常生活中，理解靈性不僅是心靈的追求，更是一種生活態度。他可以從小事開始，練習正念，感受當下，學會耐心等待過程的自然發展。正如老子所說：「合抱之木，生於毫末；九層之台，起於累土。」靈性的成長需要耐心與積累，只有將生活與靈性緊密結合，才能真正收穫內在的智慧。即使投入了大量金錢，他也無法吸收課程真正的養分來滋養成長自己，這是一個典型且鮮明的案例。

真實案例 THE CASE

因不願意花時間等待變化而
導致反效果的案例 3

　　Swain最初是透過妻子的推薦，來詢問如何改善在工作中被主管壓得喘不過氣的問題。妻子之所以推薦Swain，是因為她自己在接受諮詢時，能夠深刻理解生活中問題的根源，並且宇宙的訊息也與她的現實狀況相契合，從而促使她產生了積極的改變。因此，這位妻子希望先生來透過諮詢獲得幫助。

　　Swain是一位頗具大男人主義的中年男性，他因為好奇阿卡西的訊息能夠告訴他什麼，而選擇預約諮詢。在最初的諮詢中，我們觀看到他的靈魂狀態非常緊繃，壓力已經將他的靈魂束縛成一個僵硬的機器人，手腳如同被鐵塊包住，無法自由伸展。他的靈魂之所以變成機器人的原因是來自於壓力，而他往往將壓力發洩在妻子和孩子身上。只要孩子在生活中哭

鬧，或者妻子做了讓他不滿意的事情，他便會開始破口大罵，聲音提高八度。正因為Swain這樣對待家庭的狀況，導致了孩子語言發展遲緩，有了語言障礙，與同齡小孩比起來，孩子的同學都能講話，而他的孩子卻只能斷斷續續地說些簡單的詞語。

當Swain聽到這樣的靈魂狀態描述時，他的語氣中明顯的流露出極度的不耐煩。他反問道：「這樣的問題不是每個人都會發生嗎？誰沒有壓力？壓力來了我依然要過我的生活和工作！」他不認為這些壓力是導致他工作困境的原因，覺得自己能承受這些壓力。他認為我們的建議只是生活中經常聽到的話語，不用透過諮詢就能夠知道。雖然他明白這些建議對他有幫助，但他並沒有真正的努力去調整，屬於口動身心卻不動的類型。他沒有意識到，他不耐煩的負面情緒吸引並加劇了他目前的工作困境。他將一切歸咎於工作壓力，認為放鬆和工作是兩碼事，不能混為一談。他不理解壓力就是最影響他生活的原因，儘管他知道壓

力的存在，卻不願給自己時間放鬆，他讓自己的生活密不透風，結果是更好的工作機會也無法進入他的世界。要解決這樣的問題，Swain 需要學會有效地處理壓力，並改善與家人的溝通方式。他可以透過冥想、運動以及定期休息來減少壓力，並學習以冷靜和尊重的態度來與妻子和孩子進行溝通。這不僅有助於恢復家庭的和諧，也能促進孩子的健康成長。正如心理學家卡爾·榮格所言：「沒有變化的壓力會摧毀我們，只有透過內在的轉變，壓力才能轉化為成長的力量。」當 Swain 學會將壓力轉化為積極的力量，他的家庭生活和靈性生活將會更加豐富和滿足。

因願意耐心等待變化
而實現理想的成功案例

　　Serena是一位全職太太，她想要透過諮詢了解是否還可以再生第二個小孩。她希望藉此挽救她與先生之間的婚姻，並給她的第一個小孩一個陪伴。雖然她不了解阿卡西的諮詢能幫助她什麼，但在父母的鼓勵下，她決定試試看，希望能找到解除她疑慮的方法。她的父母堅持讓她每個月都來接受諮詢，儘管Serena從沒接觸過靈性，她還是接受父母建議，願意聆聽，看看她的生命中可能會發生什麼。

　　在諮詢的過程中，Serena詢問為什麼她想要懷第二胎卻無法成功，這也給她帶來了很大的壓力。我們給出的建議是，她想第二胎的動機太過強烈，因為她希望透過生孩子來挽救與丈夫之間的冰冷關係，並且希望第二個孩子出生能激勵丈夫有動力開始工作。然

而，這樣強烈的目的性可能反而成為障礙。Serena的丈夫因為身體原因長期沒有工作，夫妻倆都缺乏穩定的收入，只能依靠過去工作積累的存款維持生活。起初，Serena並不明白懷第二胎與她的婚姻問題有什麼關聯，但她依然每個月參加一次諮詢。最終，她終於意識到，再次懷孕不能真正解決婚姻中長期積累的問題。她決定放過自己，不再固執地用生第二胎來挽救婚姻。Serena主動提出放棄生第二胎的想法，並因此迎來了新的機遇：很久沒有工作的她，收到了澳洲前十大公司的面試通知，並且順利進入公司。她的努力和能力得到主管的賞識，不斷獲得升遷的機會。隨著她的重心從婚姻修補轉向自我實現，Serena的人生開始翻轉。她不再把全部精力放在老公身上，兩人的相處也因此變得更加和諧。

　　因為Serena的改變，丈夫也獲得了新的工作，整個家庭生活因此得到了極大的改善。正如美國著名民權運動家瑪雅・安傑盧（Maya Angelou）所說：

「我是女人，非凡的女人，那就是我。」Serena透過自我的成長和重建，找回了自己的力量，也為她的婚姻和家庭帶來了新的希望。

將對的時間放在錯的人身上

真實案例THE CASE

與家人的和解

　　記得Betty第一次前來的時候情緒非常不穩，對周遭事物都感到不滿，完全無法接受他人的意見。即使合作夥伴給出合理建議，她也一概拒絕。例如，她當時自營的甜點店有些經營問題，朋友建議不要再僱用甜點師，因為這些甜點師的專業素養不夠，建議將甜點外包給專業的餐廳或餐酒館，讓他們製作並幫助行銷。然而，Betty因為認為自己不需要聽取別人的意見，拒絕了這個建議。她不願出售自己的甜點設

備，覺得合作夥伴是想騙她的錢。結果，她一意孤行地僱用了兩位甜點師，這不僅增加了更多的人事成本，還給她帶來了經濟壓力，入不敷出，國外代理的獨家烤盤也無法順利銷售。Betty因固執己見，不願改變，最終給自己帶來了更大的困境。想想愛因斯坦說：「瘋狂的定義就是不斷重複做同樣的事情卻期望得到不同的結果。」

當時Betty與母親的關係日漸變得緊張，只要母親說的話不合她的意，或是生意業績不理想、與合作夥伴發生爭論時，她就會對母親發脾氣，甚至中斷與母親的外出行程。有一次，她甚至因為不滿，將商品砸向母親，並且立刻離家出走，到朋友家留宿。後來，Betty才意識到，自己總是把不滿發洩在最親近的人身上，而對聘請的甜點師卻從不曾抱怨。

她逐漸明白，過去一向心平氣和、友善和藹的母親，現在對自己失去了耐心，也不再在自己面前微笑，這正是因為母親長期承受了她的負面情緒。而母

親現在的態度，其實正是反映了過去Betty激動而不理智的自己。Betty對親人的失控和不公平對待，導致了她與母親關係的惡化，傷害最深的往往是那些最在乎和最愛我們的人。在Betty上完阿卡西課程後，她明白了，當母親抱怨時，她不應該馬上離席或立即反駁，而是要耐心傾聽，多留一些時間與母親對話。她回憶起自己在創業時，母親陪伴自己搬運烤盤，即使年紀已高，母親仍然在行動上支持著她。

　　Betty在經過與母親的深層靈魂治癒之後，她知道了，母親對自己的愛與恨並存，而因為近年Betty的成長，她轉變成一個貼心的女兒，會經常為母親買衣服和營養品；對女兒的恨意，則是來自Betty創業初期忙碌，缺乏與母親的溝通，並且經常無故將壞脾氣發洩在母親身上。她把時間和精力花在錯誤的事物上，忽視了最重要的人。經過與母親的深刻修復關係後，Betty明白了母親的心意，也領悟到人生不是只有工作。母親並不在意她的事業有多成功，只希望女

兒身體健康、家人之間能夠和諧相處，與母親一起出門買菜喝下午茶、結束之後一起回家，這些平凡的時光，對於母親來說就是最珍貴的陪伴。

在這段心靈溝通之後，感動的能量傳遞了過去，母親不再對Betty不耐煩，態度也變得溫和，也試著理解Betty創業的辛苦不易。在與Kimberly & Allen諮詢結束的三個月後，Betty告訴我們，她特意空出了一整天的時間陪母親過生日，母親也恢復了以往的友好狀態。正如達賴喇嘛（Dalai Lama）所說：「你越是被愛所驅動，你的行動就越無畏且自由。」Betty終於明白，真誠的愛和理解，是維繫親密關係的關鍵。

再者，Betty多年與妹妹冷戰，總覺得妹妹在嘲笑自己的事業失敗。直到工作不順利，她才希望透過心靈溝通改善與妹妹的關係。Betty一開始只能夠接受別人的讚美，無法容忍他人指出自己的不足，並因此感到憤怒。隨著諮詢的深入，Betty逐漸認識到，

真正阻礙自己業績和客源的是她對過去合作夥伴的不禮貌態度。她回顧過去自己發生了什麼事，驚訝地發現自己曾經把幫助過她的貴人罵得一無是處、狗血淋頭。她了解到自己的性格缺陷與不足：容易對別人發脾氣，並且很難接受不同的建議。如莎士比亞（William Shakespeare）曾說：「愛我或恨我，兩者對我都有利……如果你愛我，我將永遠在你心中……如果你恨我，我將永遠在你心中。」她的成長來自於對愛與恨的深刻反思。

Betty在沒有接觸阿卡西之前，也耳聞心靈溝通完全是無稽之談，因此對心靈溝通這類話題產生排斥心態。她回想起幾年前曾找過一位前世今生老師，她原本想要討論的是事業問題，但在諮詢的過程中，老師卻不斷強調她的個性問題。Betty當時感到困惑，她認為這位老師無法抓住她的核心需求，並且沒有足夠的專業度能夠幫助自己，因此她堅信自己的觀點才是正確的。讓Betty最不能釋懷的是對這位老師的誤

解：當時，老師曾建議另一位癌症患者Galen選擇適合自己的療法，並且在旁邊的其他友人也表示贊同。而Betty則認為Galen應該先去醫院接受治療，她當時對於老師的建議感到憤怒。Galen最終遵從了老師的建議，先從接受自己能認同的自然療法開始，暫緩去醫院接受治療，最終不幸離世。

Betty因此將Galen的離世歸咎於這位老師，但她忽視了一個重要關鍵：當時這位老師的初衷只是想幫助Galen消除恐懼，並在第二次諮詢中建議Galen接受醫學治療。生命的選擇在於自己，Galen選擇這樣的方法也是他自己的意願。正如海明威（Ernest Hemingway）所說：「每個人的生命都會以相同的方式結束，區別在於他如何生活和如何面對死亡。」Betty需要理解老師的建議並不是一種否定，而是對她性格的深度分析，從而幫助她在事業和生活中取得真正的進展。同時，生死的選擇權在於個人，生命的自然規律不可抗拒。

最後，她才了解，過去的自己對每個人的情緒都如此激烈，並也明白，適當的休息是為了讓自己走更長遠的路作準備，不間斷的工作只會擠壓了她的生活步調。Betty透過靈魂的對話和舒解，理解了生命中的重要意義，也領悟到人與人之間的緣分和必修的生命課題。黎巴嫩的哲理詩人紀伯倫（Kahlil Gibran）說：「如果沒有希望，心靈就會破碎。」Betty現在懂得，面對挑戰時心靈的開放和接受，才能帶來真正的成長。

大腦意識病毒

　　人格部分是天生的，由大腦結構、荷爾蒙和神經傳導物質調節，會呈現出人格的複雜性，也會因為環境、教育、社會互動、文化背景和個人經驗，對人格發展起到至關重要的作用。大腦擁有多樣的神經迴路，每個人的神經結構都獨一無二，這使得人格具有多樣性，並對個人的現實生活、命運走勢、性格、生涯規劃和人生方向產生深遠影響。從阿卡西的角度來看，人格大致可以分為以下幾種類型：

1. **激動型人格：**情緒反應強烈，容易因外界刺激而波動。對未來的規劃隨意且對時間的掌控不佳，因而常常面臨疾病困擾。

2. **積極型人格：**樂觀開朗，對事物總是充滿正面看

法，行動力強。清楚自身需求，並且積極爭取一切機會，擁有很強的自主選擇能力。

3. **單一型人格**：思維單一、專注，對某一事物有持久的興趣和執著。想法缺乏多元性，他們無法同時處理多件事，容易被命運操控。

4. **靈敏型人格**：感官敏銳，對細節非常敏感，能夠捕捉到微小的變化。

5. **無聊型人格**：對外界事物缺乏興趣，往往表現出無動於衷或冷漠。往往以失敗告終。這類人格沒有自主意見，通常只會片面追隨主流，缺乏創造力。

6. **情緒型人格**：情感豐富，容易受情緒影響，情感波動較大，生活中常被情緒主導。

7. **單純型人格**：單純、天真，對世界充滿信任與好奇。不擅長經營人際關係，容易受到現實的衝擊。

8. **孤僻型人格**：偏愛獨處，與他人互動較少，內心世界豐富，難以與外界建立深厚的連結。

9. **高敏感型人格**：對環境和他人的情感反應敏感，容易受外界影響。他們不適合做照顧者，且容易受到

整體趨勢或他人情緒的影響。

10. **天賦型人格**：擁有某種特殊才能，通常在某一領域表現出色。能運用強項創造財富，專注力高度集中。

11. **瘋狂型人格**：思維跳躍、不受常規束縛，可能表現出極端行為。做事過分狂熱與偏執，對於自己看重的事物過於執著。

12. **創意型人格**：擁有豐富的想像力，創新能力強，善於提出新想法。

人格特徵之所以不同，是由於大腦神經迴路的差異性所決定的。這些迴路影響了思考模式、行事風格，以及每次不同轉世經歷中的人格表現。

為了提升自我意識並改變命運，個人應該首先認識並找出適合自己的人格特徵。透過改變意識來強化大腦的思考方式，可以幫助人們提高自我認識，增強理解和欣賞他人差異的能力。運用這些個性洞察力，不僅能提升個人的生活品質，還能在職業上更有效率，從而更好地掌控自己的生活和未來規劃。

高敏感型人格

　　Muse是很典型的高敏感型人格，這種人格往往帶來更深的情感體驗，但如果不加以控制，這些情感容易演變成心理負擔。他一度認為自己患有躁鬱症，因為他有這樣的擔憂，也因此導致了他在生活中經歷了類似精神疾病的症狀，他工作時常常感到焦慮，擔心女友隨時與自己分手，身體也出現各種異常反應。他以為這些都是他自己造成的，因而進一步加深了對疾病的恐懼。造成他誤以為有躁鬱症的最根本原因是，他很容易焦慮，總是過分顧及他人的感受而刻意忽略自己的需求。在他最焦慮的時刻，他的靈魂彷彿被大樹緊緊束縛，無法動彈。

　　Muse經常把最難解決的事情留給自己處理，他認為這是幫助他人的方式，但他也因為這個緣故讓自我力量越加薄弱。但凡他的生活發生突發狀況，都會

輕易地引發他的焦慮，使他變得低落，感到委屈，甚至產生自殺的念頭。然而，在經過阿卡西諮詢之後，我們告訴Muse，他的靈魂其實是健全的。聽到這個訊息後，他的靈魂彷彿開啟了新的道路，給他無比的信心與支持，讓他突然意識到，其實自己並沒有生病。短時間內，在阿卡西的引導下得到康復，開始從錯誤的思考中清醒過來。他明白了自己是心理疾病的創造者，而不是因為飲食、睡眠或化學物質引起的。他開始知道自己的盲點，體悟到生命中還有更多的機會。

隨著這種新的認識，Muse的工作狀態逐步回歸到正常，房地產投資也逐漸穩定，與女友的關係日益和諧默契。透過阿卡西心靈溝通，Muse不僅識別出自己焦慮的根源，還意識到這些問題其實是由他自身的錯誤思維模式所引發的。這次心靈啟迪讓他從過去的陰影中走出來，重拾信心，並以更健康的心態面對生活和工作。

真實案例 THE CASE

瘋狂型人格

　　Susan 是一位籃球明星的妻子，她非常在意與丈夫的互動。然而，因丈夫每隔一段時間就會飛去不同國家參加籃球比賽，或是時常需要拍攝電視廣告，導致 Susan 與丈夫相聚的時間變得極為有限。這樣的狀況讓 Susan 都想掌握丈夫每分每秒的行蹤，她深愛丈夫，卻不明白為何丈夫反而距離她越來越遠，甚至出現了多名的外遇對象。

　　Susan 的夫妻關係表現出一種不平衡的依賴。她對丈夫的愛與依戀使她渴望完全掌控丈夫的行蹤，這種控制欲可能源於對失去的恐懼。然而，她的這種行為可能讓丈夫感到壓抑和缺乏自由，反而加劇了兩人之間的距離。這種關係中的不安全感與信任危機，使得婚姻陷入了惡性循環，導致丈夫尋求外部的情感寄託。

透過阿卡西紀錄，Susan的掌控欲是源自她的母親。她的母親生下她之後，會以自己的喜好為準，幫Susan挑選最漂亮的衣物、最好的學校、最貴的玩具。即使這些Susan小時候都不喜歡，母親卻堅信金錢的價值決定一切，並認為這就是愛女兒的方式，也正因為這樣的成長經歷，也讓Susan誤以為愛丈夫的方式就是掌控他的生活。她也相信只有錢才能掌控一切，因此她也會偷偷地打去丈夫的信用卡銀行，縮減信用卡額度，不管丈夫的心情如何，總是透過禮物來彌補和維持關系。在與丈夫結婚前，她介入丈夫與原本的女友感情中，只因她對帥氣開朗的丈夫一見鍾情，以強行爭奪的方式將丈夫爭取過來並結為夫妻，得到丈夫的方式，本就不是一段在她生命中應該出現的情感關係，她卻強制地讓人生中添了這一筆。

在婚姻中，她越來越疲憊，每天總是擔心丈夫是否又會有新的外遇對象，每天總是處於強烈的情緒，她這樣的行為也正符合瘋狂型的人格，喜歡透過情感

的強烈波動來折磨自己。透過心靈溝通治癒之後，她不能再依靠金錢與丈夫交流，也不再將自己逼上痛苦的境地。她決定調整自己的心態，放下最在乎的金錢執念，才能找到內心的平衡，並重新建立與丈夫的真正聯繫。過去認為付出金錢就是損失，對於使用金錢已經完全麻木，流露不出任何一絲情感，包括喜悅、愉快、擔憂，從金錢能量看出，她對丈夫的情感，也如同她對待金錢一樣沒有任何流動和溫度。

0 6

靈魂的閃耀記憶

轉世的光彩日記

　　前世讓我們得以窺見靈魂的過去，也揭示了今生的人生軌跡，並預知我們接下來會面臨什麼樣的挑戰。前世就像深海中的貝殼，每一個貝殼都封存著曾經的記憶。如果前世記憶不被釋放，便會繼續存在於靈魂系統內。要釋放這些記憶的關鍵，是了解前世與今生的連結是什麼。只有當我們真正體悟前世的經歷，並與之產生共鳴，才會清除前世遺留的強烈能量。靈魂記憶如同一個個的方格，而宇宙會將我們每個前世的記憶存放在方格之中。許多人在看到前世時，往往期待前世可以改變今生，因此衍生出巨大的情緒波動，卻忘記了今生觀看前世的目的，是為了更加清楚地理解今生的道路。

　　正如佛教教義強調因果報應和業力的概念：「前世

因，今生果；因果輪迴，命運自成。」前世與今生的關聯，如同河流與大海，流淌在時間的長河中，彼此緊密相依。每一世的經歷，都是為了成就今生的智慧與成長，而每一個挑戰，都是讓我們更深刻體驗生命的禮物。

真實案例 THE CASE

前世的警示，今生的修正

這是一個來過很多次諮詢的案例，Lucy是一名專業經理人，負責為客戶規劃海外投資，她所任職的投資公司設立於香港，她本身是台灣人。她來諮詢的原因，是因投資公司董事長捲款逃逸，導致客戶資金遭受重大損失，甚至有人因此破產。客戶將追回投資款項的責任推到了Lucy身上，而公司內部情況複雜，董事長是否真正參與其中尚不得而知。Lucy初次來諮詢時，並未完全透露她的真實背景。她的焦點是如何

平息客戶的怒火，讓他們能夠耐心等待她逐步償還投資的款項。她目前面臨工作上巨大的財務壓力，不僅要應對公司資金缺口，還有一群下屬等待發薪水。她堅信，這次投資失敗的責任不應由她來承擔，因為她只是執行客戶投資，董事長才應該對事件負責，她認為客戶放錯重點，忽略了投資本來就有風險的事實，並試圖從這個責任中脫身。投資的本質就是風險與回報並存，然而Lucy卻無法逃脫其在整個過程中的角色與責任。這個事件揭示了投資世界中利益、責任與道德的錯綜複雜，Lucy在這場風暴中的位置更是充滿了矛盾和掙扎。

第一次Lucy來諮詢時，由於涉及數億元的巨額投資，她已經被法院和檢察官起訴，面臨刑事責任，差點因此入獄。她迫切想知道是否有新的資金流可以幫助她度過難關，但過程並不順利。我們透過閱讀她的阿卡西紀錄，找到了金流遲遲無法進入的原因是：

首先，她最初與合作夥伴的合作其實是以集資的

方式進行的。所謂的「董事長」其實正是她自己，她為了逃避責任，編造了一個虛假的董事長身分，試圖混淆視聽。她的合作夥伴則是一家大型銀行的業務專員，幫助她吸引客戶投資。Lucy試圖脫身，以「欲蓋彌彰」之勢企圖隱瞞真相，卻反而陷入更深的困境。權力、金錢與道德之間的錯綜糾葛，讓整個局勢變得更加複雜，最終只能讓她承擔更大的代價。

　　第二個原因是來自Lucy前世的慣性模式，她的前世是一個邊境小國的公主，帶領她的國家前進。當時，國家的作戰主力都是女性，這些女子作風剽悍，強大的戰鬥力不輸於男子。然而，當戰事來臨時，公主親自率領將領迎敵，但她卻缺乏戰略和智慧，無法帶領國家走向勝利。由於她的無能，臣子沒有對她心服口服，最終戰爭慘敗告終。國家從此生靈塗炭、民不聊生，無一倖存。當時，將重大的責任交托給公主，是因為國家沒有其他繼承人。公主懷抱振興國家的願望，試圖以一己之力扛起這個重擔，卻沒有足夠

的能力扛起這份責任。她執意要完成超過自己能力的事情，最終導致國家滅亡。

更關鍵的點在於：今生的客戶正是前世戰死的將領。當時，將領曾建議公主求和，公主不願意接受，執意進攻敵國，這份執著最終讓將領悲嘆而亡。今生，發生的事件表現形式不同，但Lucy的行事意圖與前世如出一轍。她再次試圖以一己之力完成龐大的事業，無視自身能力的限制，最終導致客戶以投資慘賠收場，前世的教訓並未被吸取，結果也與過去一模一樣。古語所云：「以史為鑑，可以知興替。」Lucy前世的執念延續至今，歷史再次重演，而她依舊未能擺脫自己宿命中的局限。

某知名AI集團董事長的前妻Sally，緊咬Lucy不放，堅持要求她償還全部投資款。在個案諮商期間，Lucy沒有坦白告知Sally死咬的原因。後來，我們從新聞中得知，Sally的投資金額最多，高達6000多萬台幣。由於台灣無法起訴，Sally便從香港展開訴訟，

案子已經持續5年之久。透過閱讀阿卡西紀錄得知，Sally緊抓Lucy的原因源於兩人在第一世的關係。當時Lucy是一名小乞丐，而Sally是一名身著華麗的富太太。小乞丐在街頭求乞的過程中，看到富太太，就前去乞求施捨，但富太太嫌棄乞丐骯髒，就完全不予理會，轉身離去。富太太冷漠的背影因此深深刻在了小乞丐的心中，激起了強烈的怨恨。她心中憤恨地說道：「有什麼了不起！你有錢就了不起了嗎？」這份前世強烈的恨意讓Lucy對富人和金錢產生了強烈的排斥，而這段未解的情感糾葛也延續到了今生。Sally與Lucy在今生再次產生了強烈的連結再度相遇，這份前世的怨懟變成了今生強烈的衝突。正如古語所言：「冤冤相報何時了。」這段前世未解的恩怨在今生再次上演，Sally的緊逼與Lucy的逃避不僅是金錢的糾紛，更是靈魂深處的一場宿命輪迴。

　　第二個相關的前世原因是來自一個古代場景。我們看到兩位村民正在一口古井旁激烈爭奪搶著打

水，這兩位村民正是Sally和Lucy的前世。兩人為誰先打水爭論不休，兩人互不相讓。眼看爭奪沒有結果，Lucy的前世就一把搶過Sally前世的水桶，並把她推向古井旁，而Sally也不慎跌入井中喪生。Lucy在目睹這一幕後，就驚慌逃離了現場。雖然Sally前世的遺體最終被附近的村民發現，但Lucy的前世卻從未受到懲罰。從這段前世得知，今生Lucy還是想逃避應該承擔的責任，即使讓Sally金錢遭受巨大損失，卻絲毫沒有任何的愧疚感。前世她未曾妥善處理Sally的遺體，今生她依然在面對困難時選擇逃避，與前世的個性相符。從思想層面來看，「性格決定命運」。 前世今生的行為息息相關，這場跨越前世今生的宿命糾纏，顯現出Lucy一貫的逃避心理，她始終不願面對真相。

第三個前世，Lucy和Sally化身為一黑一白的神鳥，Lucy是白色的神鳥，Sally則為黑色的神鳥。他們對種族的治理看法截然不同，表面上看似和諧共

處，實則暗地裡你來我往的較勁不斷。兩隻神鳥分屬不同派系，為了維護自己的立場，彼此對立不斷而發生衝突。Lucy在前世擅長攻心策略，善於透過心智的操控影響對方，Sally的前世則渴望表現自我，喜歡強調自己的存在。由於兩人個性與方法完全不同，她們的前世充滿了明爭暗鬥，在今生依然延續。古語有云：「前因後果，循環不息。」她們前世的恩怨交織，至今仍影響著今生的相遇。

　　她聽完三個前世的故事後，雖然表示願意理解，為什麼與Sally之間的前世因果羈絆那麼深，但是卻沒有嘗試與Sally靈魂溝通，而是表示會私下自行解決這些情緒糾葛。但這仍然是一種逃避溝通的行為，她心中認為Sally那麼富有，根本不應該對她窮追不捨。她們兩人的靈魂雖然一個往東、一個往西，終究會有一天因前世的連結而在某個時刻再次相遇。Sally與Lucy本來是非常要好的閨密，Sally對Lucy信任有加，毫無保留地與她分享一切。其實Lucy接近

Sally 的目的並不單純，正因如此，Sally 才會受騙投入巨額投資。Sally 本就是一位性格強勢的女性，但在面對總是無條件配合的 Lucy 時，漸漸放下了心中的戒備。Lucy 雖然有著天使般的外表，內心卻是充滿算計，她一開始接近 Sally 本來就不單純，不是出於純粹的友誼，而是帶著極強的目的性，她擅長迎合他人的需求，以此達成自己的目標。Lucy 的公司設立在台北 101 大樓，外人眼中她是一位優雅的名媛，擁有著貴氣的形象，成功塑造出一位事業成功的女強人典範，以此來獲取他人的信任，而 Sally 便因此中招。Sally 之所以不肯放過 Lucy，是因為 Sally 作風海派，付出了自己的真心和金錢，卻換來了 Lucy 的背叛和欺騙。身為豪爽的大姐大，Sally 絕不允許這種背叛行為存在。當 Lucy 沒辦法償還欠款時，就開始躲避 Sally 的追討，這也讓 Sally 想盡辦法要找到她。最後，Sally 選擇搬到香港，透過法律途徑來追討欠款，試圖逼迫 Lucy 出面償還這筆巨款。正如俗話所說：

「真相遲早會浮出水面。」Sally不惜一切代價追討，背後是友情與金錢雙重背叛的痛苦交織，而Lucy的逃避只會讓這場追逐更加激烈。

在諮商期間，Lucy從小道消息得知歐洲有一艘100年前戰後殘存的古船，船上據說載有大量金條、金幣和古代的錢幣。她渴望將這艘古船的財富引入台灣，並據為己有。Lucy希望透過阿卡西紀錄來協助她運轉這筆財富，並釐清引進寶藏的阻礙。然而，當我們進入到古船的能量場觀察時，整艘船上都是幽魂，因年代久遠，這些幽魂也會隨著船體一直逗留而徘徊不散。事實上，這艘古船的財富本就不屬於Lucy，她卻為此癡迷，無法自拔。這也意謂著，她在面對自己的阿卡西靈魂紀錄時，並沒有進行任何自我反省，沒有深思熟慮，沒有看到自己需要改變的部分，反而依然固守於自己的貪念與執著。她的內心被欲望所蒙蔽，導致她錯失了從根本上解決問題的機會。

她的前世內心深處瞧不起富人，因此今生她最常

接觸的反而是達官貴人和企業老闆。可是，她的內心與外表卻不匹配──她不是真正的名媛。每當與成功人士交往時，她就會感覺自己地位低下，心中越發自卑的同時，對成功人士的看法也越來越負面，認為他們都不是善類。她從這些成功人士手中拿取的金錢進行投資，造成損失後，她認為這些人財力雄厚，不會帶來經濟上的傷害。也不明白這些客戶為何一直對她窮追不捨。她沒有用心經營和這些人的相處，只是為了得到客戶的信任，從而獲得投資金額，才造成必須時刻與成功人士周旋。她沒有真誠對待客戶，自然也無法收穫應有的信任與尊重。

　　她與其他債務人的前世：Lucy的前世是一位下水道工人，而債務人的前世則是普通的居民。這些居民長期以來一直拿石頭砸向下水道工人，原因是下水道工人長期清理下水道的髒污，身體黝黑，蒼老不堪，渾身散發著臭味，因此受到居民的歧視和厭惡。儘管如此，為了生存，忍氣吞聲默默忍受這一切，不與居

民計較，隱忍度日。雖然前世已經過去，但是今生卻還深刻地記得前世居民的面容，這種刻骨的記憶，讓她與債務人之間的恩怨延續至今，好比前世的恩怨情仇，今生仍在以不同的形式重演。

前面的幾世經歷，逐漸讓她的靈魂處於低落的狀態，然而她的前世並不總是如此黯淡。她也曾有過高光時刻，比如也當過貴妃和軍官。當身處高位時，也輕視與不屑那些階級低的貴女（指準備進宮的民間女子），然而，這些被她瞧不起的貴女，今生卻成為了她的客戶。這些累世的經歷，顯示出她今生的境遇與過去息息相關。

最後，在諮詢的3年後，Lucy突然消失，再也沒有出現。之後，我們從電視和新聞中得知，她經營的投資公司偽造了一張投資收益表，以此來誘惑客戶投入大量金錢，故意虧空，讓客戶無法取回本錢。她販售的投資產品，所謂的回報率甚至高於一般股市或銀行產品的兩三倍以上。而她的合作夥伴對這一切毫不

知情。面對客戶每天接連的控訴和辱罵她，讓她遭受了莫大的恐懼，但她的生活方式卻依然沒有因此而有所改變。即使她為了償還債務賣了豪宅，又以每月6萬元的租金租回了原本賣的豪宅，她的習慣性偽裝和對奢華的依賴仍舊沒有改變。令人遺憾的是，Lucy並沒認知到她對於金錢的價值觀和信念是錯誤的，如果她能提早坦白，將真實的情況告訴我們，並理解金錢不僅只是流通的貨幣，是與人際關係和因果報應息息相關，如果早點知道也不會犯下這樣重大的錯誤，最終導致牢獄之災。然而，儘管如此，也因為接受阿卡西的幫助下，她還清了近一億元的債務，並因此減少了兩年的刑期。

陪伴自我的療癒旅程

　　許多人將靈魂與身體割裂開來，認為物質、精神與心靈是截然不同的層面。人們往往過於美化、神聖化靈魂，忽視靈魂與身體的聯繫，進而貶低身體的價值，這樣的認知容易產生誤解。

　　事實上，靈魂需要與身體共同存在，關係是密不可分的，靈魂也會像身體一樣經歷各種情況。正如這句「身心合一，方能通達」。每個人都應該與靈魂拉近距離，深入了解它是如何影響到我們現實的物質生活。過於沉溺當下的享樂，容易忽視身體層面需要解決的問題，而靈魂其實始終在提示我們：磨練精神意志與解決身體需求同樣重要。正如培養體能需要運動、重力訓練、聽力鍛鍊等，精神意志也同樣需要不斷鍛鍊和突破。靈魂與身體的成長是

相互促進的，唯有二者協同發展，才能真正達到身心靈的平衡與和諧。

　　現代人缺少自我沉澱的時間，在這個快速供需的時代，越來越少人願意回顧歷史。然而，歷史上的重大事件不斷提醒我們，吸取不同時代的經驗教訓是至關重要的。以法國大革命為例，它揭示了當時平民與農村問題的嚴重性。法國長達兩百多年的政治對立，旱災引發的通貨膨脹，地主加收地租，讓農民無法生存，這些因素使社會處於動蕩不安的狀態。在路易十五時期，法國因為參與戰爭並戰敗，導致國庫空虛，財富不均，進一步加劇了中產階級與貴族之間的衝突，人民的憤恨與絕望最終點燃了革命的火焰。「忘記歷史的人，注定重蹈覆轍」，政治、經濟和社會因素構成了法國大革命的重要背景。然而，人類往往容易遺忘歷史的教訓，未能從過往的經驗中汲取智慧。當前世界面臨了通貨膨脹、戰爭等全球性危機，社會矛盾與對立情緒不斷升級。歷史一再告訴我們，唯有正視過去、反思當下，才能避免重蹈覆轍，走向真正的和平與繁榮。

　　當生存需求超過供給需求，人類就會陷入恐慌。以全

球著名速食品牌麥當勞為例，這個品牌成立於1984年，初衷是以顧客為先，提供數位化精緻快餐，它的目的是讓顧客享受超值且美味的餐飲。一開始速食的出現，就是為了滿足中低階級的工人、農民、學生等族群都能享用快速美味的食物。然而，隨著通貨膨脹和物價上漲，如今速食的價格與一般的餐食已無太大差別。本來速食是為了提供方便快捷，但現在這種便利性卻成為了制約人類的主要因素。便利性本應是造福人類的產物，但如今凡是帶有「便利」或「快捷」標籤的商品，價格往往就會上漲。

以網絡購物為例，許多商品價格已高於實體店面的價格，與此形成對比的是，從前肉品成為人們每天的必需品，肉價隨著需求增加而不斷上漲。打破了自然的規律，人工繁殖的肉品與蔬果的營養價值遠低於自然生長的產品。值得一提的是，人工繁殖繁衍動物的生命週期相對短暫，而短暫的生命週期無法形成強大的靈魂意識。動物的靈魂意識高於植物，而速食品牌的供需鏈也縮短了這些動物生命週期。

如同這觀點：「30天的靈魂經驗一定遠低於60天的靈

魂經驗。」現在人類對肉品的需求提升，導致30天內生長的動物比60天內生長的動物出現頻率更高。這樣的高頻率繁殖循環，間接影響著地球的生態平衡。即使30天的生物生命短暫，牠們也同樣擁有靈魂進化的權利。在死亡後，這些生物的靈魂可能停滯在動物界，也可能轉變成人類。地球本身存在著無限循環的機制，短暫靈魂經驗會逐漸融入到新生靈魂成長歷程。現代人習慣於速食和快速消費，這種快速循環也帶來了大量低智慧生物的增長，這些生物包括動物、植物，甚至可能擴展至人類。而這樣的現象可能進一步加劇地球上的矛盾、戰爭、仇恨。在過去，由於食物營養價值高，人們的意志力也相對堅強，懂得慢慢累積力量和智慧。

而現代科技進步，但人們的意志卻越發薄弱，急於追求靈性上的滿足。事實上，進食當季的食物是一種順應自然的智慧，就像24節氣，每個節氣適合的食物也不一樣。隨著氣候的變遷，食材的選擇和烹飪方式應有所調整。從前的生活簡單而純粹，現在的生活雖然複雜且快速，卻給人類帶來了更多的壓力和負擔。因此，人類應該

學習如何尊重大自然中的每個生命，不應該刻意打亂其生長的週期，自然原始的成長環境不僅對人類有益，對其他生物的生存同樣至關重要。「尊重自然，順應天時」才是人類與地球共存的根本。

真實案例 THE CASE

金伯莉踏入靈性領域的轉折點

　　大概在 14、15 歲時，我正準備出國前往美國留學的前一天，內心充滿著期待與興奮。出國前一天，我與同學約好外出聚會，準備搭乘公車。然而，當我要上公車時，忽然感到腳抽筋、腰部僵硬，竟然完全無法抬腿。儘管如此，我依然拚命抓住公車兩側的扶手，艱難地登上公車。當時我並未意識到這個情況的嚴重性，以為只是輕微的扭傷，因而也沒有立即採取措施，比如服用藥物或是尋求醫療協助。那天的聚會

過得非常愉快，但我的腰始終感到不適，走路速度很緩慢，回到家後，我也沒將這一情況告訴母親，只是硬撐著沉重的身體度過了一整天。即便洗了熱水澡能夠緩解一點點疼痛，但我的腰仍未完全康復。

接著，當我坐下來時，膝蓋也無法正常彎曲，行動變得異常遲緩。我也無法理解這些身體變化的原因，只知道隔天就要出國。最終，我只能貼上了止痛貼布，與家人一起踏上了飛往美國的旅程。當我和家人抵達美國加州，遊覽每個小朋友夢寐以求的迪士尼樂園時，原本應該沉浸在歡樂的氛圍中，但腰部僵硬的問題卻越發嚴重。我仍然沒有太在意，以為這些不適會自我痊癒。後來，當我們搬到佛羅里達州的阿姨家定居時，僵硬的症狀逐漸加重。由於我一心想要融入阿姨的家庭和美國社會，從不敢向阿姨坦言病情。隨著時間推移，問題越加明顯，每晚躺在床上連翻身都變得非常困難，走路的步伐也越來越緩慢，心中充滿了迷茫和無助。記憶中有一次，我在高中嘗試溜直

排輪，卻發現腰部無法挺直，整個身體感覺很脆弱。最終，我向阿姨求助，希望能尋找到邁阿密的中醫幫我緩解病痛，因為我相信中醫能治癒我。雖然我多次嘗試，但一直沒能找到合適的中醫。因為姨父是一位美國工程師，經常往返台灣，我因此拜託他從台灣帶來各種貼布，然而這些治標不治本的辦法並沒有徹底解決我的腰痛問題。

到了大學，我搬到了美國寒冷的俄亥俄州，這裡的冬天常常下著大雪，刺骨的寒冷讓我的身體疼痛加劇，僵硬的症狀也越發嚴重。每天開車去學校時，我的脖子無法正常轉動，無法轉頭看後視鏡，只能依賴目測來觀察後方來車的情況。每次開車都伴隨著一種極度的恐懼，擔心一個不小心就會出事。與同學出去參加活動時，我看著他們輕鬆地做啦啦隊的動作、暖身伸展，而我卻無法像他們那樣靈活，感覺自己就像一個脆弱的陶瓷娃娃。記憶中最深刻的一次是參加戶外音樂季的活動，當時同學給我取了個外號「企

鵝」，因為他們發現我走路像企鵝一樣，一步一步左右搖晃、身體歪斜。那一刻我才真正意識到，原來在他們眼中，我的姿態是如此異樣。儘管如此，我還是極力想要證明自己是健康的，甚至穿上了5公分高的高跟鞋。那時候我的身高跟一般同齡人差不多，但隨著僵直性脊椎炎進展，造成骨頭開始失去養分，逐漸萎縮，我覺得我的身高似乎比以前矮了許多。在求助大學醫院時，也許我的英文還沒有很嫻熟，或許醫生也無法理解我的病症，他沒有進行任何的檢測就判斷為肌肉酸痛，隨即開了大量的普拿疼給我，告知我只要出現酸痛就服藥控制。起初，我一天只吃一顆，但隨著症狀加重，我聽從醫生建議，開始增加藥量，逐漸變成每8個小時吃兩顆，甚至每4個小時兩顆，最多的數量是一天吃8顆止痛藥。隨著藥量的增加，身體並未好轉，反而越來越僵硬，連走路、打個噴嚏、穿襪子，都會引發全身疼痛。我陷入了疑惑，為何年輕的我要承受那麼多的痛苦？這種無法忍受的身體狀

況讓我心情惡化，開始憤世嫉俗，我逐漸變得嫉妒那些擁有健康的身體、完美外貌和正常身高的同齡人。當我大學畢業開始求職面試時，為了掩飾身體的不適，我不得不加倍服用止痛藥。結果，我順利通過了面試，但內心深知，這並非真正的健康。我一直以藥物掩飾外表的脆弱，而這些止痛藥卻無法治癒我真正的痛苦。

這些身體的變化雖然無情地提醒著我自己的脆弱，身體健康的重要性遠超於任何短暫的痛苦忍耐。與其僅僅依賴暫時的緩解措施，更應該從根本上尋找病因，並早做治療，否則，像我一樣，可能會長期困擾於病痛中。但也讓我更加渴望去理解自己的身體和靈魂。每一個挑戰都是在逼迫我面對現實，去找到能夠真正幫助自己的方法。

雖然靠著毅力支撐了10年，我始終想知道自己的身體到底出了什麼問題。於是在29歲那年，我決定回到台灣，希望找到病因。回國後，我立即前往台

大醫院進行全身檢查，結果顯示我罹患了僵直性脊椎炎。這種病症男生發病率遠高於女生90%以上，而我卻成為了那少數中的一員，醫生說遺傳因素確實在其中扮演了重要角色，也與某些基因密切相關，其中最著名的是HLA-B27基因。最讓我無法接受的是，這種病無法痊癒，只能透過藥物來緩解症狀。又為我開立了大量止痛藥，並建議我只要身體疼痛難忍時，可以到醫院打止痛針。然而，一劑止痛針的費用當時並不便宜，聽到這些，我心中一片黯然，不想再依靠西藥來維持生命，覺得人生似乎看不到康復的希望。為了尋找其他出路，我決定另闢蹊徑，轉向中醫療法，嘗試了針灸、火療、拔罐、推拿，這些治療方法對我的身體並未帶來任何實質的改善，病痛依然如影隨形，讓我感到十分挫敗。

　　經過多年的掙扎，我開始在網上尋找身心靈相關的管道。當時在台灣，命理學非常盛行，我將自己的情況發布在BBS和命理網站上，許多命理師告訴我

這是「因果病」，並建議我放下前世的記憶。然而，這些建議並未給我具體的指引，我還是無法了解如何了卻因果。後來，我遇到一位姓王的推拿師傅，他宣稱自己學過一些身心靈療法，但經過他推拿完後，我的身體更痛，甚至都無法下床。他建議我嘗試靈性治療，我透過引導成功看到我的前世，但我依然無法確定僵直性脊椎炎的根本原因。他在過程中經常問與我的病症無關的問題，這反而讓我產生了排斥。儘管我的身體還沒康復，由於我在國外的學經歷和工作經驗，還是很幸運的在台灣的上市公司擔任了高層主管。我對工作非常嚴謹，個性也十分好強。

來到電子業工作不到半年就從助理上升成了正職人員，短短的一兩年內就成為了主管，薪水一直在翻倍。或許是過於自信，開始創業，販售國外品牌的烘焙產品，卻因此慘賠，讓我身心俱疲。就在這個低谷時期，我遇到了現在合作夥伴 Allen 的母親，她帶領我進入回溯引導的世界，透過她的引導，我逐漸找到

了僵直性脊椎炎根本的原因，並也意外發現自己對觀看訊息的能力相當敏銳。

　　從那時起，我開始以義工的身分幫助其他個案，透過觀看他們的阿卡西紀錄，協助解決人生各個層面的困惑與挑戰。這段經歷不僅讓我重新找回了生活的方向，也深刻體會到，身心靈的聯繫不僅僅是身體康復的一部分，更是精神與內在成長的重要途徑。當時，我並沒有打算將這種能力當作職業，只是因為透過這些過程，我找到了許多答案，也發現自己的身體有所舒緩。我認為，能夠運用自己微薄的力量幫助他人，這就已經讓我感到很滿足了。然而，令我完全沒有想到的是，當我再次去醫院檢查血液時，醫生告訴我，我身上已經沒有任何僵直性脊椎炎的病症，它竟然消失了。這個結果令我震驚又欣喜。經歷了這麼多年不斷的努力與嘗試，我深知這並非單純依靠藥物或外力能解決的問題。它就像一扇神祕的門，只有當我開始從深層內在的層面去探索、去反思過去的人生經

歷，甚至前世的因果時，這扇門才慢慢為我打開。這種經歷不僅改變了我的身體狀況，也改變了我對生命的看法，我開始認識到，人與宇宙、與自己的靈魂之間有著深不可測的聯繫。

醫學研究顯示，僵直性脊椎炎具有家族遺傳性，這種遺傳性疾病源自血液中的基因。然而，我們家有5個姊妹，唯獨我一個人罹患了這種病。經過反思，我逐漸意識到，最根本原因是自己的情緒。回顧過去，年幼時的我情感非常外露，無論是開心的時候大笑，還是生氣的時候大吵大鬧，情緒的波動都非常劇烈。這些情緒的過度宣洩，似乎超出了我身體所能承受的範圍。隨著情緒無法得到有效的管理，壓力逐漸累積並轉化成對身體的傷害，最終影響到了骨骼和脊椎。

在國中的時候，我的挑食問題非常嚴重，父母給我的營養品常常不是自己喜歡的口味，因此我經常趁他們不注意時，悄悄地把營養品丟到垃圾桶。家裡的

餐點也不符合自己的口味，咖哩、紅燒肉、貴妃雞、炸豬排、滷排骨、煎魚排這些比較吸引小孩子口味的食物，很少出現在我記憶中的餐桌上。其實，小孩子天生對吃香氣撲鼻的食物有更強的吸引力，讓我對於家裡的食物很不感興趣。父母的飲食習慣對孩子的成長影響深遠，雖然受孩子喜愛的食物營養價值不高，但至少能夠提供一些身體所需的營養成分。

前幾年，我曾經去了趟北京的雍和宮，沒想到那裡竟讓我連結到自己前世記憶，是中醫藥房的二代傳人。明末清初，政局動盪不安，家族面臨經濟困境。為了幫助家族度過難關，我選擇壓縮藥材成本，甚至開始售賣假藥。當時，藥房的顧客多是患有筋骨酸痛的老人和婦女。他們本以為藥物可以治療疼痛，然而服用之後，病情不但沒有改善，反而變得更加嚴重。我清楚地看到，這些人長年累月地用手撐著腰部，彎腰駝背地走路，他們的姿勢與我在今生中最痛苦時的情形驚人地相似。這一發現令我震驚，彷彿我今生的

痛苦是為了感同身受，體驗那些人在另一個不同時空中所承受的身體疼痛，而我的病痛正是對前世行為的一種反思與能量回饋。

　　透過深入了解自己的前世紀錄，我不僅擺脫了用藥物來抑制僵直性脊椎炎，現在的我行走毫無困難，身體狀態和普通人無異，恢復了完全的自如。讓我得到痊癒的根本原因，是我學會了緩解情緒壓力。隨著我在服務他人的過程中，對靈魂記憶有了更深的認識，這些過往的記憶是如何深刻影響著今生的身體與心靈狀況。當我回顧自己的靈魂歷程時，明顯地發現我走過的每一步路最終都對我有益，都是為了幫助我更深入地了解自己及成為現在的自己。當我們準備好了，一切自然會順利展開。

　　我現在才真正明白，當我來到一切的核心時，一切都變得微不足道。你會感受到周圍的真正美好，並體會到萬物之間的緊密連結。當你理解了萬物的共融時，你會以最輕鬆、最真實喜愛的方式生活。

如果你正在閱讀這個故事並希望幫助自己，可以嘗試透過阿卡西紀錄來探索自己的靈魂歷程。這樣做將有助於你更全面地理解自己，揭示深層的內在動機與生命目標，幫助你識別並釋放內心的束縛，從而促進身心的療癒與成長。

超覺冥想：
與靈魂對話

請掃描聆聽

chapter

07

靈魂意識的復甦

自我意識復甦的覺察

　　為什麼自我意識復甦如此重要？自我意識似乎已經成為現代管理和個人成長領域的一個流行觀點，並不僅僅是流行語而已。當我們對自己有更深刻、清晰的認識時，我們會展現出更強的自信和創造力，並且能在各種情境下做出更明智的決策。自我覺察使我們在人際關係中更有同理心，能夠更穩健地應對衝突，也讓溝通變得更加有效。從根本上來說，自我意識是我們理解自身身分、價值觀和驅動我們行動的核心力量的能力。深入來看，自我意識還涉及對我們的根本信念、情緒創傷、心理和情感防禦機制，以及潛藏在無意識中的壓抑內容的理解。這一過程，也可稱之為自我理解，是自我成長的重要基石，因為只有當我們真實地認識自己，我們才有可能擺脫過去的局限，追求

更豐富、更真實的生活體驗。

我們可以看到自我意識的兩種主要甦醒類型。**首先是內在自我意識**，這涉及我們對自身價值觀、熱情、願望、與環境的適應能力的深刻理解。它反映了我們對思想、感受、行為模式、個人優勢與劣勢的清晰認識，以及對他人產生影響的覺察。內在自我意識能幫助我們更加敏銳地掌握自我調節能力，使我們更好地處理生活中的挑戰。老子的《道德經》說：「知人者智，自知者明。」就是描述了這種狀態。唯有透過深入理解內在世界，我們才能掌握真正的力量。擁有強烈的內在自我意識，往往與更高的工作滿意度、深厚的個人關係、以及更強的個人及社會控制感和更高的幸福感密切相連。使人能夠在面對壓力和焦慮時，擁有更強的抗壓能力。相反之，內在的自我意識與焦慮、壓力和憂鬱的程度呈負相關。

第二類是外在自我意識，它指的是我們根據前述因素來理解他人如何看待我們。擁有這種外在自我意識的人，能夠清晰地評估自己在他人眼中的形象，更善於表達同理心，善於換位思考。這些領導者往往能夠與員工建立更密

切的關係。當領導者能夠理解並重視外界對其行為和影響的反饋時，員工對這些領導者的滿意度更高，並認為他們在團隊中展現了更大的有效性。正如古希臘哲學家蘇格拉底所言：「認識你自己。」

真實案例 THE CASE

自我意識復甦

案例A──安吉拉

安吉拉屢次與吸毒的男人陷入戀愛關係。經歷了五次戀情的失敗後，她終於領悟到了一個關鍵問題：「我身上某些未癒合的部分正在吸引這些男人進入我的生活。」這一覺醒成為了她自我復甦的轉折點。「了解自己」是改變的第一步，安吉拉逐漸解開了內心的困擾，邁向了更加健康的人際關係和生活狀態。

案例B──丹尼爾

丹尼爾因體重問題而患上了糖尿病。每天工作結束後，他習慣性地暴飲暴食。有一天，他正在吃著果醬甜甜圈時，突然有了一個深刻的領悟：「我總是下班後暴飲暴食，顯然工作壓力對我造成了巨大的影響。」這一刻，意識到自己的飲食習慣實際上是他應對工作壓力的一種方式，而這種方式已經對他的健康造成了嚴重的影響。這次覺醒成為了他自我復甦的關鍵轉折點。

案例C──凱特

凱特一直難以與他人建立真正的友誼。她經常在背後談論別人，這使她的社交關係變得更加疏遠。有一天，在與工作夥伴交談時，談話突然停止了。夥伴直接問道：「凱特，妳為什麼總是八卦別人？」這一問，讓凱特腦中靈光一閃，她意識到這根本的原因使自己交不到真正的朋友。她經歷了自我復甦意識。

心理學家卡爾‧榮格所言:「要真正了解自己,我們必須勇敢面對自己的陰暗面。」她開始反思自己的行為模式,並認識到真正的友誼需要基於相互尊重和信任,而不是背後的評價和流言蜚語。這是她人際關係的一次轉折點,也是個人成長的重要一步。

案例D——點點

點點經常與他人發生爭執,她總是認為是別人故意挑釁她,卻從未真正反思過自己在溝通中的問題。某天,在第10次打斷姊姊的談話後,姊姊終於忍不住發火了:「點點,妳為什麼總是打斷我?讓我說話好嗎?這就是為什麼你和每個人都爭論——他們受不了和你溝通!試著尊重一下,讓別人也有說話的機會。」聽到這些話,點點突然淚水盈眶,開始意識到姊姊的話揭示了她自己溝通上的問題。這一刻,她經歷了一次深刻的自我復甦覺察,她明白到,自己的溝通方式讓別人感到被忽視,進而激化了爭執和誤解。

她開始努力去建立更加和諧的溝通方式，進而提升了她的社交技巧和人際關係的質量。

案例E——小明

多年來，小明一直在尋找理想伴侶，但總是無法找到「那個人」。他曾經陷入一段憂鬱期，直到某天，他突然領悟到，自己一直在尋找的對象其實都是符合父母期待的，而不是自己真正想要的。那一刻，他經歷了一次深刻的自我復甦覺察。如心理學家卡爾·榮格所說：「真正的自我覺察來自於我們願意面對內心的真實需求。」經過這次覺醒後，在接下來的約會中，小明決定不再讓父母的期望左右自己的選擇，而是聆聽自己內心的聲音，依循自己的直覺。幾次約會之後，他終於找到了靈魂伴侶。這段自我意識復甦的過程，徹底改變了他對愛情的看法，也改變了他的生活方向。如他自己後來所說：「當我放下了別人的期望，才能找到真正屬於自己的幸福。」

其他一些自我意識復甦的例子包括：

- 意識復甦自己的真實感受和情緒。
- 意識復甦自己的偏見和成見。
- 意識復甦自己與他人互動的方式。
- 意識復甦自己最深的恐懼。
- 對內在衝突的意識復甦。
- 自我了解自己的目標和夢想。
- 在冥想或深思熟慮時的意識復甦。

自我意識的發展至關重要，是通向健康生活、情感成長與內在自由的關鍵。因為一旦缺乏這種覺察，我們就很容易陷入有毒的行為模式，這些模式可能在我們的生活中徘徊多年，甚至困擾我們一生，這正是許多人的不幸經歷。自我意識的復甦是情緒、心理和精神成長的基礎。缺乏自我意識復甦，生活容易陷入虛假和混亂，受到沒有控制的衝動、無意識的習慣以

及不容質疑的信念所操控。簡而言之，若缺乏自我意識的甦醒，我們很容易困在自我毀滅的陷阱中，而無法真正掌控自己的命運。

提升自我意識復甦

　　呼吸是人類出生後最基本的生理功能之一，然而，許多人在繁忙的工作中壓力過大和生活節奏過於緊湊，常常忽略了呼吸的重要性。對許多人而言，呼吸新鮮空氣成為一種在戶外尋求放鬆身心的方式。然而，要真正從呼吸中獲益，我們需要了解如何進行有效的呼吸。正確的呼吸應該具備適當的節奏，避免過於急促或短暫。理想的呼吸應持續大約5秒鐘，這能幫助身體進行更好的氧氣交換，並有效減輕壓力和焦慮感。接下來，我們將進行一個簡單的練習，來引導大家體驗如何透過深呼吸來放鬆心情、釋放壓力。

超覺冥想：光之呼吸法

　　首先，深深地吸一口氣，感受到新鮮的養分和光輝的能量逐漸滲透到你的每一寸肌膚。想像這股光芒如同清晨的曙光，慢慢灑向你的身體，從腹部、擴展到胃部，再到胸腔，最終照耀到你的頭頂，讓整個身體都沐浴在這溫暖而充盈的光芒中。當你感覺這股充盈的光能完全包圍整個身體時，輕輕屏住呼吸，保持5秒鐘。接下來，輕輕張開嘴巴，緩緩地吐氣，把體內的二氧化碳、雜質和所有不必要的負擔隨著呼氣一同釋放出去。這個過程不僅讓你身心得到深度放鬆，也幫助促進身體的自然新陳代謝，讓光的能量與你的內在產生和諧的共鳴。

進行光之呼吸的訣竅

　　在進行呼吸練習時，讓你的頭腦徹底放鬆，拋開一切雜念，專注於每一次呼吸的節奏與感受。體會自己與大地的光輝能量緊密相連，彷彿每一次呼吸都被光的能量所包圍，像一顆閃耀的光球，散發出溫暖與活力；每一次呼

出的氣息如同細緻的光塵，輕柔地將體內的雜質與壓力散去。隨著呼吸的進行，你的整個身體逐漸被光芒充盈，與光的能量相互協同運作。呼吸的次數不必刻意限制，建議持續進行10至15分鐘，讓光的能量徹底滋養你的全身，帶來徹底的放鬆與平衡感。

超覺冥想：進入潛意識的真理大門

1.首先，輕閉雙眼，想像在你面前出現一扇宏偉的大門。在你慢慢靠近時，會感覺到一些來自潛意識的阻力，這些阻力以無形的手臂伸出來，象徵著潛藏在內心深處的負面情緒，如焦慮的緊張、憤怒的慍色、悲傷的沉重，以及絕望的無助感。這些情緒就像輕柔的薄霧，隨著每一次呼吸而浮現，試圖阻礙你前進的步伐，這些手不斷伸展，試圖阻擋你的去路，抓住你，拖住你。要順利穿越這扇大門，你需要徹底消除這些手的存在，透過平和的心態與光明的力量去接納它們。想像光明的能量與自己的意識融合，充滿你的心靈，讓光的力量滲透進每一個角落，溫柔

地照亮那些帶來壓力與困惑的情緒，將那些充滿焦慮、憤怒、悲傷和絕望的手臂一一化解。隨著光芒蔓延，這些手臂漸漸放開了對你的束縛，消融在光明中，讓你心靈輕盈，穩步走向大門的另一側。

2.當那些負面情緒的手臂漸漸被清除後，你會發現大門的另一側站著一位偽裝的天使光芒四射的存在。這位看似天使光輝閃耀，身穿純白的長袍，散發著柔和的光芒，面帶溫暖的微笑，彷彿要迎接你進入一個和諧的境地。然而，這個只是表面的形象，實際上它是隱藏在深層的心魔。這「偽裝的天使」傳遞出看似正面的訊息，其實它們可能無意間攪擾你的內心，將你引回到過去的恐懼和焦慮中。

偽裝的天使的眼神中可能閃爍著一絲狡黠的光芒，笑容中隱藏著些許陰霾。它們的存在如同甜言蜜語，巧妙地掩蓋了真正的意圖。以溫暖的語調和安撫的姿態，它們試圖讓你放鬆警戒，然而這正是心魔悄然在你心靈深處引發掙扎的時刻。

在這樣的情境下，你需要敏銳地辨別出真正的指導

靈與這些心魔之間的不同。偽裝的天使可能會引發你內心的恐懼和不安，使你感到困惑不已。在這種時刻，保持心靈的沉靜至關重要，以便你能夠真正洞察潛意識中的狀態，理解哪些需要被清理和療癒。當你感受到偽裝的天使將你壓制在水面下時，這象徵著潛意識中的掙扎和抗拒。此刻，請將意識回到光之呼吸法，因為即使潛意識處於水下，也需要光和呼吸的引導來解放和釋放。深長的呼吸將幫助你逐漸平息內心，使偽裝的心魔自然地消散，回歸平靜與安寧。

3. 當你穿過第一道大門——象徵水面的潛意識障礙後，你將進入第二道大門——冰天雪地。這是一片冰天雪地，映入眼簾的是無邊無際的白色世界，厚厚的積雪覆蓋著一望無際的雪原，冰冷的白色寒霧將四周籠罩在一片朦朧之中。寒風如刀般在空氣中呼嘯而過，每一陣風都似乎刺入皮膚，讓人感到無比的刺骨與寒冷，每一個呼吸都變得困難而沉重，冰雪交織出一片靜默而冰冷的世界，周圍的景象彷彿凝固在時間中，這種景象象徵著自我內在的凍結、情感的停滯，以及對未來的抗拒與不安。

在這片冰天雪地中，你可能會感到四周的寒冷如無形的屏障，阻擋著你前進的步伐。這種寒冷和冰雪象徵著你內心深處未解決的情感障礙，以及對改變的恐懼。這些困難和障礙如同厚重的冰層一樣將你包圍，使你感到舉步維艱，甚至讓你萌生想要放棄的念頭。

穿越這片冰天雪地的關鍵在於準備好適當的裝備與心態。想像你穿著保暖的雪地靴，它們能幫助你在滑溜溜的雪地上穩健行走，避免滑倒；厚實的外套能夠抵擋凜冽的寒風，保護你的身體不受寒冷侵襲；還有快速的雪橇工具，它們讓你迅速滑過雪地，減少與寒冷的接觸。這些配備不僅能夠幫助你保持溫暖，還能加速你的進程，幫助你克服內心的阻礙，朝向新的成長和探索邁進。

4.當你穿越了冰天雪地後，你將來到潛意識中的第三道大門——海灘。這片海灘展現出雙重美麗的環境，一方面是溫暖的迷人陽光，海灘上的景象色彩斑斕，海浪拍打著金黃的沙灘，發出愉悅的聲響，這片海灘不僅是平靜與美麗的代名詞，帶來一種平靜與安寧的感覺。然而，另一方面則是洶湧波濤極具挑戰性的海洋，海浪偶爾變得洶

湧，反映出你內心深處的暴躁、憤怒和急迫的不平衡情緒。

在海灘上，你可能會感受到刺眼的陽光炙烤著皮膚，與此同時，海風卻又帶來一絲清涼的舒適。在沙灘上的每一步都充滿挑戰，你的雙腳陷入了被海水長時間浸泡的濕沙中，這些沙中夾雜著尖銳的碎石，不時劃傷你的腳底，讓你感到刺痛。這種雙重感受彷彿在提醒你，每一步的艱難行進，內心的激烈情緒和矛盾就像這些碎石一樣，無形中影響著你的前行和決心。

當你感受到腳部的刺痛時，請停下來，仔細包紮傷口。這個過程象徵著對自己身心的照顧和安慰，有助於穩定你的情緒，恢復內在的平衡。同樣重要的是，記得塗抹防曬乳和佩戴墨鏡，它們能夠保護你免受強烈陽光的炙烤與傷害。做好這些防護措施，不僅能夠降低受傷的風險，還能讓你在這片海灘上行走時更加輕鬆自在。只有在準備充足且照顧好自己的情況下，才能以平靜和清晰的心態去處理內心的情緒波動與挑戰。

5.當你穿越了海灘，來到了第四道大門，一座光輝燦

爛的教堂映入眼簾。這座教堂坐落於一片寧靜而神聖的空間，外觀宏偉壯麗。白色的大理石牆面上閃爍著柔和的金光，彷彿每一塊石材都被祝福，閃耀著神聖的光輝。高聳的尖頂刺破天際，與華麗的彩色玻璃窗相映成趣。窗戶上的彩繪玻璃描述著古老的故事，滲透進教堂的光線是溫暖而柔和的，帶著迷人的色彩斑斕。這些光線在空氣中輕輕舞動，紅、藍、綠、黃的色調交織在一起，陽光投射到教堂內部，整個教堂都被這些彩色光影所填滿，讓人感到神祕而安寧的氛圍。

走進教堂裡，首先映入眼簾的是寬敞的內部空間，兩側整齊排列著古老的木質長椅，彷彿在等待靈魂的歸來。中央祭壇上擺放著精美的祭品，空氣中散發著一股淡淡的香氣。祭壇前，身穿華麗祭袍的神父站立在那，燭光照映著他的身影，使他看上去莊嚴而慈愛。他那低沉而充滿力量的聲音在教堂的穹頂間迴響，誦讀著神聖的經文，彷彿在向每一個靈魂傳遞神聖的智慧和安慰。

即使你依然穿著沙灘褲，腳上還殘留著從海灘帶來的沙子，這些沙粒就像是你靈魂過去的歷程和痕跡。然而，

教堂的氛圍卻包容而溫暖，彷彿宇宙向你打開了雙臂，展示了無盡的接納和包容。這些沙子在聖潔的地面上，提醒著你，即使經歷了艱難的旅程，你的靈魂依然可以在這裡找到安慰和光明，而教堂正是那片提供安慰與光明的聖地。

在教堂的聖光與神聖氛圍中，你感受到內在潛意識與靈魂之間的深層和解。這片光輝的聖地幫助你洞察自己的真理，使你的內心在這份神聖的光芒中得到平靜和力量。

超覺冥想：
進入潛意識的真理大門

請掃描聆聽

冥想真理大門

　　提升自我意識的關鍵在於每天堅持一些積極的習慣，無論是運動、閱讀、創作還是深度思考。這些持之以恆的行為不僅能夠增強毅力，還能培養出自我約束的能力。古希臘著名的哲學家亞里斯多德（Aristotle）說：「我們的優

點來自於我們反覆做的事。」在當今這個充滿自我成長機會的時代，我們往往會尋求靈性上的逃避，企圖找到一些快速解決問題的捷徑。然而，捷徑會讓我們偏離真正的成長道路。 經濟上的困境，許多時候也源自於人們對快速致富的急切渴望，或是一時衝動投入創業，卻因缺乏準備而陷入困境。對固定工作時間的不滿，也是許多人共同面臨的問題。朝九晚五的生活讓現代人感到束縛，時間的自由成為最具吸引力的願望之一。

自我成長的基礎在穩定的環境中。當周圍環境不穩定時，我們的心態也容易受到影響，尤其在創業潮中，快速變化的市場往往伴隨著頻繁的淘汰與更換的速度。

這樣的快節奏生活並不適合每個人，快速獲取的方式常常伴隨著難以平靜的副作用。當物質需求超過精神需求時，內心的安定感便難以保持。唯有在穩定的環境中，我們才能實現內在真正的平靜。在這段旅程中，穩定的心態和開放的靈魂將引領我們走向更高的自我成長。

當人類的集體意識開始覺醒，來自宇宙的訊息將更加頻繁地降臨地球。我們身處地球的人會變得更敏銳，能感

知到地球之外的變化，思維的領域也將逐漸擴展，讓我們會更加專注周圍環境的動態。隨著意識的提升，人類的頭腦會像接收器，自動吸收並整合來自宇宙的智慧與能量。這一過程使我們的身體和心靈變得更加輕盈，不再像過去那樣被沉重的思想和負擔所束縛。

覺醒的過程從內在開始，逐漸向外延展。這種覺醒不再僅局限在地球層面，而是與更廣闊的宇宙意識相連結。人類的身體不過是靈魂在這個時空中的一個軀殼，是靈魂旅程中的一段過程，而不是終點。許多人活著被動前進，拖著沉重的步伐，深陷於過去的能量中。德國著名的詩人赫曼·赫塞的話恰如其分地描述了這一點：「每一步，都是走向自我的一步，每一步，都是命運的一部分。」然而，當你決定不再被舊有的框架束縛時，意識的提升擴展至更高的層次，理解宇宙中的無限可能性時，你會發現，我們對地球上這段旅程的價值將有更加深刻的體會，地球的沉重不再壓迫你，就像卸下負重，步履變得輕盈。

對於生活中的各種挑戰和事件，我們應該學會用輕鬆的態度來面對，而不是被激烈的情緒所支配。過度關注

於情緒反應，只會讓我們固執地抓住那些情緒所伴隨的事件，彷彿困在一個狹窄的框架內。如此一來，我們只能局限於當下的情境，而無法看清更廣闊的前景與未來。學會放開情緒，便能解放心靈，讓我們的視野得以拓展，看見更遠的可能性和人生的真諦。

甦醒的目的在於幫助每個人脫離痛苦，擺脫對身體的過度依賴，並靈活掌控生活的節奏。這不僅是選擇如何度過每一天，更是領悟生命的真正意義。若靈魂未曾覺醒，人們將會被困於痛苦之中，無法看清世界的歷史、文化和人文珍寶。只有當你不再將自己視為局外人，而是以深度的覺察者融入生命，你的意識才會逐步昇華，達到更高層次的理解。古希臘哲學家蘇格拉底說：「未經反省的生活，是不值得過的。」靈魂的覺醒才會帶來真正的內心平靜與智慧。

在這過程中，制定目標、實施目標、達成願景，並持續不斷地反思與修正，是自我意識提升的關鍵途徑。這一循環不僅促進個人的成長，也為整個人類集體意識的昇華提供了基礎。人類的甦醒與地球命運息息相關，古老的智

慧所言「天人合一」，天災與人類心智的成熟往往存在隱祕的聯繫。唯有當人類意識昇華，才能真正改善我們所居住的地球。這段旅程是對內在與外在世界的雙重探索，既是在重塑自己，也是在為地球的變革貢獻力量。

真實案例 THE CASE

十年的痛苦與自我意識復甦之路

在台中的一場阿卡西紀錄體驗活動中，我們遇到了 Lisa。她的婚姻名存實亡，這段關係已持續了超過 10 年。儘管她嘗試了各種身心靈療法，她內心的痛苦始終無法得到根本的改善。如今 Lisa 已經離婚，但仍依賴前夫的經濟支持。她無法完全脫離困境的原因，不僅在於缺乏獨立經濟來源，還因她需要照顧兩個孩子。為了生存，她只能繼續住在前夫的房屋中，卻不得不忍受他不斷施以言語暴力和冷暴力。每次她向前

夫索取生活費時，迎接她的總是充滿怒火的咆哮回應。雖然她曾嘗試出去找工作，卻因薪資始終不如前夫給的生活費，讓她選擇留在這個貌似安逸的舒適圈中。這種經濟上的依賴，使她不得不一次次面對前夫的情緒暴力，這讓她身心疲憊。Lisa希望了解如何看待目前的婚姻狀況，並希望找到走出困境的辦法。

在阿卡西的指引下，Lisa逐漸明白，今生的課題正是學會勇敢。勇敢不僅僅是面對困境，更是打破自我設限，踏出舒適圈，迎接變化。阿卡西紀錄提醒她，這不僅僅是現世的挑戰，還是她靈魂旅程中的一部分。

儘管Lisa目前從事金融行業，她卻感到這份工作涉及詐騙，無法帶來真正的穩定感。工作與她的婚姻如出一轍，她不敢立即離職，讓她陷入了一種想要離開卻又無法離開的矛盾困境。阿卡西的訊息提醒她，只有勇敢地脫離這份不穩定的工作，才能迎接全新的機會和更光明的未來。她不需再依賴前夫的金錢

支持，因為她憑藉自己的能力賺取收入，走出困境。Lisa 的優勢是擁有專業的金融知識和對數字的敏銳洞察力，儘管 10 年的婚姻讓她錯失了進一步提升自己的機會，但她內在的潛力依然強大。阿卡西紀錄告訴她，Lisa 需要勇於踏出第一步，放下過去的枷鎖，新的道路便會為她展開。正如一句古語：「欲戴王冠，必承其重。」

在這場活動中，Lisa 得到的提示，讓她明白到自己關注的土地投資其實有很大的潛力，然而她一直缺乏果斷的行動力。她其實最需要的，不過是他人的鼓勵和支持，而她對阿卡西的指引充滿信心。在活動結束後，她的生活發生了三個顯著的改變。首先，過去一直是她主動向前夫索取生活費，這種情況意外地發生了逆轉，前夫首次主動匯款給她。這一舉動使 Lisa 感受到前所未有的解脫和力量，彷彿過去的權力關係開始鬆動。其次，她發了一條簡訊告訴我們，她已經開始尋找新的住處，並決心不再與前夫同居，準備搬

出去。過去她為了生活費而忍氣吞聲，現在，她開始相信自己的力量，不再依賴他人而委屈自己。第三，在解讀阿卡西的諮詢後，Lisa深刻地認識到，她的靈魂一直處於「委屈求全」的狀態，這次覺醒讓她決定徹底改變，勇敢地走出過去的陰影。

更為顯著的是，在一次聚會中，她遇見了一位二代企業主的男性，兩人聊得非常愉快，並迅速發展成為戀人關係。在不到一年的交往中，他們合資購置了房屋和土地，這不僅讓Lisa在物質層面上獲得滿足，也因為她的勇氣和行動，意識終於得以甦醒。她終於擺脫了對前夫的金錢依賴，實現了在財務和情感上的雙重收穫。古語所說：「天助自助者。」Lisa的故事見證了當一個人勇敢地掌握自己的命運時，內外的改變將隨之而來。

道教法師的使命：
照顧患病弟弟的深層意義

　　一位誦經團的道教法師前來求教，想要了解為何今生他要承擔責任照顧患有小兒麻痺症的弟弟。弟弟的四肢早已無法正常活動，生活起居全靠他悉心照顧。為了履行這份責任，法師選擇不娶妻生子，將全部精力投入到專心照顧弟弟，這是他已故雙親臨終時的託付。他心甘情願地擔負起這份重擔，儘管內心偶爾會感到對命運的不滿和對現狀的無奈。每當他外出時，總是背著弟弟，這樣的生活使他無法擔任其他職位，他只能擔任誦經團的成員，因為這樣他才能有更多時間兼顧弟弟的照顧。正如古語所說：「天將降大任於斯人也，必先苦其心志，勞其筋骨。」法師承擔這份責任，不僅是對家庭的奉獻，更是對靈魂的一種修行。他的無怨無悔，以及背後默默的堅持，或許

正是他靈性提升的重要一環。這份看似沉重的責任，實際上是他靈魂成長的機會，一場未來更大福報的鋪墊。他的一生，不僅是在渡弟弟，更是在渡自己。

透過探索他的前世，揭示了他今生承擔責任的根源。他曾是一名冷酷無情的人口販子，專門綁架並拐賣兒童，甚至殘忍地砍斷他們的四肢，將這些孩子放在街頭乞討。其中，他的弟弟正是在前世那些無辜的孩子之一，飽受折磨與虐待。今生，法師所肩負的照顧弟弟的責任，不僅是為了履行家庭責任，更是對前世行為的一種能量的平衡。古語說：「舉頭三尺有神明。」這是一個靈魂的救贖過程，是為了修復前世所造成的創傷，是揭示了今生所面臨困擾的根源。

觀看前世並不是為了譴責他，而是為了幫助他理解今生的困境和責任所在，更加珍惜弟弟的存在，並在心靈層面上學會珍惜這段特殊的連結。同時，他目前的困擾並不僅僅停留在家庭責任上，也與他的職業生涯密切相關。他對現有工作的收入感到不滿，內心

對未來充滿迷茫，無法找到明確的方向。儘管前世的經歷與他現在的工作沒有直接關係，但阿卡西紀錄的說明讓他在金錢問題上獲得釋放，並幫助他釋懷對生活的壓力和對弟弟的埋怨，讓他的內心更加寧靜。就在這次諮詢結束後，意外的轉機隨即出現。他的親戚突然告知，老家有一塊土地可以分給他。這塊土地的出售，為他帶來了一筆可觀的資金，解決了生活中的燃眉之急，並讓他在經濟上獲得了久違的安心感。這場改變，不僅僅是物質上的舒緩，更是心靈上一次深刻的釋放，正如哲學家曾說過：「機遇只會垂青那些懂得怎樣追求的人。」

Epilogue

/

結語

在探索自我與生命的旅程中，我相信每個人都具備勇敢前行的力量。面對生死抉擇、愛恨交織，以及情感的深邃與脆弱，我們如何全然度過這些考驗，成為人生的重要課題。近年來，許多人經歷了至親離世的痛楚，見證了父母婚姻的困境。徬徨與無助，是每個人成長過程中無法迴避的階段，這也是我們最終學會面對生死、病痛這些人生必經現實的契機。

法國著名的小說家羅曼‧羅蘭（Romain Rolland）說：「真正的英雄主義，是認清生活的真相後依然熱愛生活。」我們前半生或許由原生家庭和學校塑造，但後半生的命運掌握在自己手中。每個年齡層所面對的挑戰各有不同，而最大的創造者始終是我們自己。從這些挑戰中，我們汲取力量、學習成長，並重新定義自己的人生。因此，

無論生活中遭遇多大的困難，請永遠記住，不要放棄自己的力量，並與內心保持良好的連結，因為這正是我們能夠從黑暗中找到光明，並繼續前行的源泉。

探索阿卡西領域已有數十載，隨著時光流逝，越來越多的人透過靈性領悟，尋求內在的指引。這份指引不依賴他人，因為心中真正所需，無法由外界替代。《道德經》言：「知人者智，自知者明。」當我們忠於自己內心深處的聲音時，便成為自己最大的宇宙。內在的指引不僅僅是一種智慧，更是一股強大的力量。這股力量幫助我們在面對困境時保持堅定，激勵我們勇敢追求夢想，並讓我們得以更深刻地理解生命的本質和意義。在這個過程中，我們常常透過冥想、自省和靜心來強化與內心的連結。正如星星在夜空中指引迷途的旅者，內在的指引也成為我們生活中的指引，照亮前行的道路。

接受傳統教育的我們，始終面臨一些特別的問題，而這些問題往往無法從課本中找到確切的答案。例如，為什麼我會出生在這個家庭？父母期待我的心情是什麼？我該如何選擇適合的情感伴侶？在面對金錢危機時該如何應對？我的

才能是否能幫助我在這個競爭激烈的社會上立足？又如何處理職場中的霸凌和性別歧視？甚至，當我們陷入法律糾紛時，又該如何應對？這些問題並沒有標準答案，法國哲學家伏爾泰（Voltaire）說：「要使人幸福的祕密不在於財富，而在於選擇權。」而阿卡西紀錄則將這些選擇的權力交回給我們自己，讓我們有能力在面對這些無法預測的人生挑戰時，依靠內心的智慧和經驗做出最適合自己的決定。隨著社會、科技和文化的變遷，人生中的問題迅速演變。過去，我們可能主要面對家庭、職業和教育等相對穩定的挑戰；而如今，這些問題變得更加複雜和多元化。例如，數位化生活帶來的隱私保護問題、社交媒體對人際關係的衝擊，以及虛擬世界如何干擾現實生活等，成為我們這個時代新的焦點。因此，掌握自我選擇的權力，將成為我們在這變幻莫測的時代中，持續前行的指南。

此外，全球化使得人們的生活方式和價值觀更加多樣化，這也導致文化衝突和身分認同問題日益突出。我們需要在快速變化的環境中尋找平衡，學會如何在瞬息萬變的世界中做出明智的選擇。這要求我們具備更強的適應能

力和自我反思的能力。面對這樣的局面，傳統的答案和指導已經無法滿足我們的需求。偉大的物理學家愛因斯坦說：「我們不可能用製造問題時的相同思維水準來解決問題。」我們需要依賴內在的智慧和阿卡西紀錄的指引，從中找到屬於自己的解決之道，不僅幫助我們應對這些不斷演變的挑戰，還讓我們在面對未知時，擁有勇氣與信心。

我們處於一個需要不斷做出選擇和決定的世界，而阿卡西紀錄可提供我們信心的來源。在接收阿卡西訊息的過程中，潛意識中的恐懼逐漸浮現，這些恐懼通常受到多種因素的影響，包括環境、經歷和人際關係等。瑞士心理學家榮格說：「直到你能讓潛意識變成有意識之前，它會主導你的人生，而且你會說這是命運。」這些潛意識中的影響使得我們在不同情境中，可能表現出截然不同的情緒反應。例如，面對壓力時，有些人可能變得焦慮和沮喪，而另一些人則可能激發出鬥志和創造力。這種情緒的波動讓我們既充滿活力，又時常感到脆弱。此外，過去的經歷和潛意識中的信念也影響著我們的情感反應。某些看似微不足道的觸發點，往往會喚起深藏的恐懼、不安或憤怒，

使我們的情緒變得不穩定。這些情緒的起伏，不僅影響個人的心理健康，也在無形中影響了我們與周圍人之間的關係，造成誤解或衝突。

理解並接納人性的多變性，是我們自我成長的重要一步。透過自我反思與有效的情緒管理，我們可以更清楚識別情緒的根源，從而在面對挑戰時保持冷靜和清醒。這不僅能提升個人的心理韌性，也有助於深化與他人的聯繫，讓我們在複雜的情感世界中找到更為穩定的自我。瑞士心理學家榮格說：「我們面對的一切都是自己內在的一部分。」接納情緒的波動和變化，是生命的一部分，將有助於我們在不斷變化的環境中找到內在的平衡，在各種困境中保持心靈的穩定。如何將潛意識中的盲點和弱點轉變成助力和毅力，正是我們在自我成長中需要不斷改善的核心。情緒不再是阻礙，而是引導我們邁向更強大的力量來源，幫助我們應對未來的挑戰，實現個人的自我超越。

面對恐懼，許多人傾向於透過逃避或匆忙改變來尋求解決，但越是急迫的行動，結果往往適得其反，過於倉促的選擇反而會讓我們錯失真正的答案。潛意識的世界比現

實更為深奧和複雜，許多被忽視的未知資訊和潛藏情緒會在我們內心中不斷積累，而這些內在資訊正是我們現實生活的根本。未解決的情緒和未被察覺的信念，往往在不知不覺中影響著我們的選擇和行為，使我們反覆陷入相似的困境。地球的地心引力與人類自身的磁場互相吸引，生活的和諧與不和諧，同樣深刻影響著靈魂的狀態。因此，與其逃避或急於改變，不如靜下心來，透過自我覺察和內在調整，才能真正找到長久的解決之道。

在追求靈性成長的過程中，我們應該同時注重日常生活，展現自己最美好的狀態。內心成長需要持續不斷進行，而生活也應隨著時間的變遷與時俱進。古希臘哲學家亞里斯多德說：「美德在於中庸。」我們需要在靈性與現實之間找到一個平衡點，既尊重靈性的深度，同時重視理性的力量。我們每個人都能找到適合自己的平衡與調節方式，調節內在與外在之間的關係，實現和諧並感受生活中的喜樂。我們將能夠不僅擁有靈性上的滿足，還能在日常的繁忙中找到寧靜與幸福，從而讓生命變得更為豐富充實。

References

/

參考資料

中文參考書目：

· 《二八定律》于珊著／布拉格文創社／2021年出版

· 《元素之語——細胞的化學成分：探索細胞的生命週期
和分裂過程，了解細胞的遺傳和訊號傳導，揭示生命
的奧祕》林靜著／千華駐科技出版有限公司／2023年
出版

· 《細胞之歌：探索醫學和新人類的未來》辛達塔‧穆克
吉著／莊安祺譯／時報出版社／2024年出版

· 《CD34幹細胞免疫學 活化自體保護系統》林佳靜、陳
光耀著／柏樂出版有限公司／2023年出版

· 《飛翔之夢：萊特兄弟新傳》大衛‧麥卡勒著／莊安祺
譯／時報出版社／2016年出版

· 《翱翔天際：萊特兄弟的飛行傳奇》馮志遠著 ／千華

駐科技出版有限公司／2023年出版

· 《世界汽車史100：探索汽車以卓越技術改變潮流的起源與演進》林唯信著／賴姵瑜譯／台灣東販出版社／2024年出版

· 《人機文明傳：一部技術拐點上的世界通史》杜君立著／大寫出版社／2024年出版

· 《逆貧致富：普通人從0到1的財富自由法則》子安著／時報出版社／2024年出版

· 《普通地質學（上）（下）》劉聰桂等20人著／國立臺灣大學出版中心／2018年出版

· 《地球深歷史：一段被忽略的地質學革命，一部地球萬物的歷史》馬丁·魯維克著／馮奕達譯／左岸文化／2021年出版

· 《深入火山：探索地球上最暴烈的地方》卡斯坦·彼得、湯姆·道爾著／張璧譯／大石國際文化有限公司／2016年出版

· 《火山、地震與恐龍滅絕的秘密》權秀珍、金成花著／鄭瑾又譯／木馬文化事業有限公司／2012年出版

- 《海洋科學概論暨其時代議題》陳明德等著／國立臺灣海洋大學／2024年出版

- 《漁的大歷史：大海如何滋養人類的文明》布萊恩‧費根著／黃楷君譯／八旗文化出版社／2021年出版

- 《史前日記：侏羅紀的恐龍》格利高‧聖保羅、胡安‧卡洛斯‧阿隆索著／中國民族攝影藝術出版社／2018年出版

- 《勝過死亡：馬太福音的門徒觀》林志堅著／橄欖出版社／2019年出版

- 《死亡教育與研究：批判的觀點》Warren, W. G. 著／林慧珍、徐有進、張盈堃、陳芳玲譯／洪葉文化事業有限公司／2007年出版

- 《彼岸的真相：超過100人可信的天堂與地獄親身經歷，使你永遠改變對於來生的想像，預知天堂是什麼樣子》約翰‧柏克著／楊詠翔譯／遠流出版社／2024年出版

- 《你的未來在──天堂或地獄：你如何面對今世的生活，到了審判日也要如何交帳》大衛‧鮑森著／魯鈍

客譯／財團法人基督教以琳書房／2024年出版

· 《覺悟者的一生：娑婆、度化、妙法、涅槃典藏佛陀合輯》黃健原、柿子文化著／清‧永珊繪／柿子文化出版社／2022年出版

· 《涅槃，破生死，了無常，看佛陀以身入滅示現人間：釋迦如來應化事蹟卷四》清‧永珊、黃健原（淼上源）著／柿子文化編／柿子文化出版社／2021年出版

· 《北歐神話：神族、巨人、符文與世界之樹的冰火起源【世界神話系列3】》何鵬著／漫遊者文化出版社／2021年出版

· 《北歐神話學》保羅‧賀爾曼著／張詩敏、許嫚紅譯／商周出版社／2018年出版

· 《法國大革命史》拉博‧德‧聖艾蒂安著／顧偉譯／金城出版社／2022年出版

· 《法國大革命：馬賽曲的迴響》埃里克‧霍布斯鮑姆著／馮涵譯／上海人民出版社／2022年出版

觀點論述參考書目：

- 地球上的單細胞生物為什麼會變成多細胞？／劉彥妤／天女萬物論—新生命的誕生／2015年發表https://yenbiology.weebly.com/2193432048329903572225104228103204832990299832928965311.html

- 蛋白質的突變也許導致單細胞發展成多細胞生物／科技新報／2016年發表https://m.moneydj.com/f1a.aspx?a=4ef85809-7215-4fd7-9437-7ec46dfa63e2

- 現代飛機發明者／萊特兄弟的夢想、創意、同行Dreamates網站／2024年發表https://www.dreamates.hk/post/1110

- 汽車內部有多少零件？誰是最早發明汽車的人？／圖解汽車的前世今生／風傳媒／2023年發表https://www.storm.mg/lifestyle/4879879

- 汽車的發明與達文西有關？從蒸汽動力到自駕技術，汽車產業的技術革命／鄭貞茂／英語島／2021年發表https://www.eisland.com.tw/Main.php?stat=a_FI7tY1W

- 英國工業革命中的蒸汽機／晚生姓高／世界歷史百科

全書／2023年發表 https://www.worldhistory.org/trans/zh/2-2166/

- The rules of 0 & 1 | 0和1的法則／Prof. Mathewmatician／Prof. Mathewmatician YouTube 頻道／2021年發表 https://www.youtube.com/watch?v=WSUme3hAnsg

- 《從0到1》讀後心得：重溫經典的六個重點整理／Waki 瓦基／閱讀前哨站／2022年發表https://readingoutpost.com/from-zero-to-5

- 地球地質歷史／SlridiuM28／維基百科／2024年發表 https://zh.wikipedia.org/zh-tw/%E5%9C%B0%E7%90%83%E5%9C%B0%E8%B4%A8%E5%8E%86%E5%8F%B2

英文參考書目：

- 《The 80/20 Investor》／David Schneider (Author)／Writingale Publishing, LLC published／2016.02
- 《The Wright Brothers》／Fred C. Kelly (Author)／Ebooks for Students, Ltd. published／2019.05

- 《Echoes of the Marseillaise》／Eric Hobsbawm (Author) ／ Rutgers University Press Classics published / 2018.11
- 《Zero to One》 ／ Peter Thiel (Author) ／ Crown Currency published ／ 2014.09
- 《Norse Mythology》 ／ Neil Gaiman (Author) ／ W. W. Norton & Company ／ 2017.02

閱讀阿卡西紀錄 2：宇宙的靈魂領航員

作　　者－郁康梅、　王幼辰
主　　編－林菁菁
校　　稿－郁康莉、　閆若婷
企　　劃－謝儀方
封面設計－楊珮琪、　林采薇
內頁設計－李宜芝

總 編 輯－梁芳春
董 事 長－趙政岷
出 版 者－時報文化出版企業股份有限公司
　　　　　108019 台北市和平西路三段 240 號 3 樓
　　　　　發行專線－ (02)2306-6842
　　　　　讀者服務專線－ 0800-231-705・(02)2304-7103
　　　　　讀者服務傳真－ (02)2304-6858
　　　　　郵撥－ 19344724 時報文化出版公司
　　　　　信箱－ 10899 臺北華江橋郵局第 99 信箱
時報悅讀網－ http://www.readingtimes.com.tw
法律顧問－理律法律事務所 陳長文律師、　李念祖律師
印　　刷－勁達印刷有限公司
初版一刷－ 2024 年 11 月 22 日
定　　價－新臺幣 400 元
（缺頁或破損的書，　請寄回更換）

閱讀阿卡西紀錄 2, 宇宙的靈魂領航員 / 郁康梅, 王幼辰
著 . -- 初版 . -- 臺北市：時報文化出版企業股份有限公司，
2024.11
　面；　公分

ISBN 978-626-396-894-3(平裝)

1.CST: 靈修

192.1　　　　　　　　　　　　　　113015068

ISBN 978-626-396-894-3
Printed in Taiwan